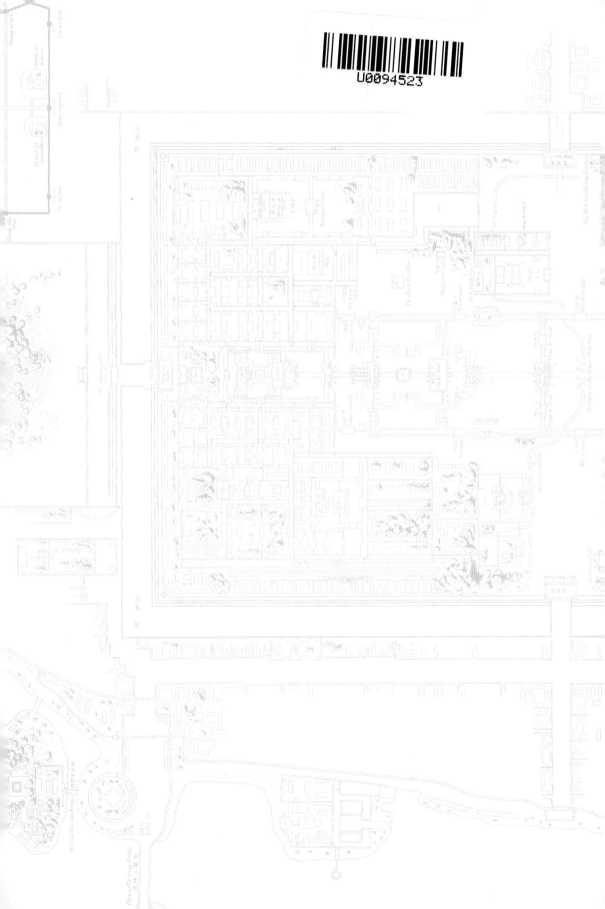

故宫雅趣

向斯 ◎ 著

中国工人出版社

序　言

　　所谓"雅趣"，就是有趣的话题、传闻和故事。

　　《红楼梦》第五十四回，曹雪芹写得十分生动活泼："众人听了，都知道他素日善说笑话，最是他肚内有无限的新鲜趣谈。"

　　所谓"故宫雅趣"，顾名思义，就是关于故宫的有趣话题、传闻和故事：有些话题，载诸正史，但是，文字简洁，语焉不详；有些传闻，野史杜撰，牵强附会，五花八门，但是，一直没有正本清源，还原本真；有些故事，版本众多，花样翻新，但是，偏听偏信，以讹传讹，莫衷一是。

　　20世纪80年代，我从武汉大学毕业，来到北京，一入深宫，就是30余年。我坐过康熙皇帝御用的椅子，用过乾隆皇帝使用的桌子，翻阅、整理、精读、编目了数十万册宫中古籍、舆图、档案，浏览、触摸、挑选和展览了许多皇家珍贵古董、文物、字画，等等。天长日久，耳濡目染，数十年如一日，与皇家宫殿、古籍、舆图、档案、古董、文物、字画等朝夕相处，相濡以沫，感觉相互融为一体。每一件宫中文物，都有它精彩的话题；每一场宫廷政变，都有真假难辨的传闻；每一个稀世珍宝，都有传承有绪的故事。寻根问底，追本溯源，去伪存真，考究源流，是每一个古董专家、历史学家义不容辞的责任和义务。

　　比如说，"样式雷"，很多人都知道是中国古代皇家建筑的设计世家。可是，"样式雷"的称呼是如何来的？谁是"样式雷"的始祖？每一代的代表人物是谁？他们和清代皇帝是什么关系？他们的代表作是什么？"样式雷"留传下来了哪些珍贵文物遗产？这些珍贵文物遗产分别由哪些单位收藏？各个单位的收藏状况如何？"样式雷"家族最后如何走向衰落？最

后的代表人物是谁？等等，人们迫切地想知道答案，了解真相。

"样式雷"，是清代 200 余年间主持皇家建筑工程设计的雷氏世家的荣誉称呼。

17 世纪末，清康熙二十二年 (1683 年)，一个南方匠人雷发达和他的堂弟雷发宣应募来到北京，参加皇家工程的建设。因为技术高超，他很快就被提升担任设计工作，主持皇家工程建设。从他开始，雷氏家族八代，直到清朝末年，参与了主要的皇室建筑工程，包括紫禁城宫殿、三海、圆明园、颐和园、静宜园、承德避暑山庄、清东陵和清西陵等重要工程的设计。

"样式雷"图样，真实地展现了皇家陵寝的全貌，从选定地址，到基础开挖，再到陵地施工，从地宫、地面、立柱，到屋面装修完成，体现了"样式雷"在皇家工程方面绘制图样之精细和建筑施工程序之严谨。

故宫博物院，是世界上著名的五大博物馆之一。

紫禁城北门称为神武门，门洞正中悬挂着五字大匾："故宫博物院"。

那么，这是谁题写的？第一个题写者是谁？是在什么时候什么地方题写的？现在神武门上的五字大匾是谁题写的？是在什么时候什么情况下题写的？

据档案记载，故宫博物院，1925 年 10 月 10 日成立。成立时，包括古物馆、图书馆两大馆。图书馆，包括图书部、文献部两大部。后来，图书、文献部独立，形成故宫博物院三大馆——古物馆、图书馆、文献馆。

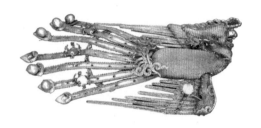

　　故宫博物院开院典礼之时，在北门神武门正式悬挂"故宫博物院"匾额。

　　"故宫博物院"的第一个匾额，由李煜瀛亲笔手书，颜体大字，苍劲有力。

　　1971 年 7 月 5 日，故宫博物院经过长期封闭，重新开放。

　　据档案记载，当时，根据周恩来总理批示，起用郭沫若先生亲笔题写的五字匾额"故宫博物院"。郭沫若先生所书"故宫博物院"，是第二块"故宫博物院"匾额，至今，仍然悬挂在故宫北门神武门。

　　所有这些有关故宫的话题、传闻、故事，等等，构成内容丰富、引人入胜的"故宫雅趣"，依据汗牛充栋的宫廷档案、皇家古籍、珍贵史料、文人笔记，以及有价值的野史、杂谈，等等，从每一个宫廷话题、传闻、故事之中，一一去伪存真，寻根问底，追本溯源，娓娓道来。

　　故宫雅趣，故事太多了，俯拾即是。

　　雍正皇帝十分率性，他在位十三年，每年每月每天兢兢业业，从不懈怠。他是一位工作狂人，每天天不亮就起床，深夜才入睡，用朱笔批阅了大量奏折。

　　据宫廷档案统计分析，雍正皇帝批阅了堆积如山的奏折，批阅数量竟达 4.2 万余件；每一件批阅奏折都是一挥而就，洋洋洒洒，动辄数百数千字，其语言幽默风趣，令人捧腹，拍案叫绝。

　　雍正二年（1724 年），河南巡抚田文镜上奏，对朝廷采购小米到江南

销售提出异议。户部尚书张廷玉、吏部尚书朱轼坚持，雍正皇帝同意。结果，正如田文镜所料，小米在江南滞销。雍正皇帝大为光火，愤怒地处理了此事，觉得田文镜真是人才难得。于是，特别降旨，好好地夸奖了田文镜，准备给予重奖。同年十二月十五日，田文镜上疏，猛拍皇上的马屁，一个劲儿谦虚。

雍正皇帝看到田文镜的奏折，心花怒放，立即挥毫朱批："朕就是这样汉子，就是这样秉性，就是这样皇帝！尔等大臣，若不负朕，朕再不负尔等也！勉之！"

另外，雍正皇帝还在宠信大臣李卫的奏折上朱批："好事好事！此等事，览而不嘉悦者，除非呆皇帝也！"雍正皇帝在倚重大臣石文焯的奏折上朱批："喜也凭你，笑也凭你！气也随你，愧也由你！感也在你，恼也从你！朕从来不会心口相异！"

类似有趣的故事，本书中还有很多。阅读本书，广大读者既能了解历史，又能充实自己，实在是一举两得，亦本人之不胜荣幸也。

是为序。

何斯

目 录

第一章 紫禁城变故宫

002 —— 皇宫为何称为"紫禁城"

005 —— "故宫"的由来

008 —— 中国顶级的"四合院"

011 —— 什么是宫，什么是殿

016 —— "香山帮"主持建造了紫禁城

018 —— 紫禁城总设计师——蒯祥

023 —— "样式雷"：顶级皇家建筑师

034 —— 故宫的城墙、护城河

036 —— "天下第一河"——金水河

040 —— 中国最早的宫廷报警器

042 —— 故宫匾额奇事

050 —— 明清紫禁城宫殿的不同

059 —— 满洲八旗守卫京城

063 —— "上三旗"护军守卫皇宫

066 —— 皇帝身边的侍卫亲军和御前亲随

071 —— 顶级的皇家神木厂

第二章 皇室生活

076 —— 朱棣视儒雅徐皇后为知己

079 —— 肥胖的嫡长子朱高炽

087 —— 明宣宗是一个"超级顽童"

093 —— 明代皇帝的辈分和生命怪圈

095 —— 紫禁城最"幸福"的女人

100 —— 隆庆皇帝好色纵欲却誉满天下

110 —— 宫变后,方皇后被活活烧死

113 —— 乳母客氏

115 —— 崇祯皇帝的最后时光

118 —— 皇太极痴情海兰珠

125 —— 科学迷皇帝玄烨

154 —— 苏麻喇姑

162 —— 年妃是第一位汉女皇贵妃?

172 —— 乾隆皇帝一生最惦念长春宫

180 —— 令妃家族

190 —— 皇子的学习生活及其师傅们

196 —— 参与编纂《四库全书》的皇子们

209 —— 为什么满洲皇室称为"黄带子"

211 —— 皇帝的女儿才能称为公主?

第三章　臣子轶事

216　——　大明第一才子撰写天下第一联

219　——　第一个敢打皇子的师傅

222　——　"明朝最伟大的诗人"

226　——　首辅张居正的生前身后

230　——　大明王朝危亡之际大臣们不愿捐款

232　——　第一届博学鸿词科的佼佼者

236　——　张英入住西华门

240　——　御笔书法代笔人

244　——　唯一配享太庙的汉臣

250　——　"烟波钓徒"查翰林

254　——　乾隆皇帝格外器重刘墉

258　——　首席军机大臣和珅

260　——　军机处楹联、匾额的由来

264　——　义门先生

268　——　王际华独独获得乾隆皇帝24张御笔"福"字

270　——　紫禁城中大总管

第四章　紫禁秘闻

276　——　何为登堂入室

281　——　小小的寝宫和不大的龙床

286 —— 皇帝每天黎明前就起床?

288 —— "叫起"

290 —— "天下第一洞房"

292 —— "天下第一家宴"

295 —— 嘉庆元年元旦嘉庆皇帝如履薄冰

298 —— 春节过后皇帝"大搬家"

303 —— 明清两朝信奉真武大帝

306 —— 明朝大朝会百官舞蹈

309 —— 紫禁城中典型的冷宫

311 —— 英华殿菩提子

第五章 皇宫瑞兽

318 —— 紫禁城,龙的世界

324 —— 九龙壁

328 —— 真正的"乾龙"

329 —— 故宫之凤

334 —— 太和殿屋脊的十大神兽

339 —— 宫中的"圣王瑞兽"

346 —— 为什么明朝官员崇尚仙鹤

350 —— 为什么清朝官员崇尚麒麟

353 —— 中国十二神兽令人敬畏

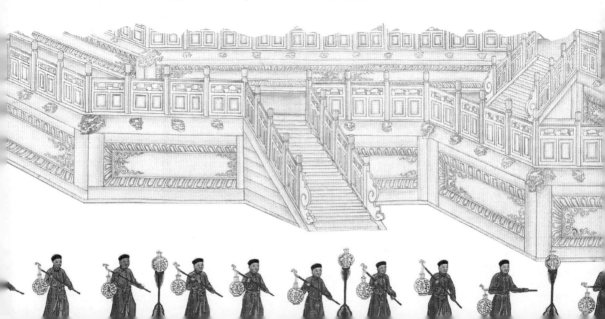

第一章　紫禁城变故宫

皇宫为何称为"紫禁城"

"紫禁城"一词，是历代皇宫的别称。古代皇帝称自己的皇宫为"大内"，古代官员称皇宫为"禁中"；而"紫禁"一词，是加入了星相学的观念制造出来的。古代星相说认为，上天有一座紫微星垣，是天帝的宫殿，而人间帝王所居住的宫殿当然就与之相对应。"紫禁"一词就是用紫微和禁中拼接出来的。唐朝诗人在诗作中经常用"紫禁"来称谓皇宫，这倒不是因为诗人们迷信星相，而是"紫禁"比"禁中"更显得风雅一些。紫禁城的"城"字，不言而喻，指皇宫乃是一座城中之城。但是"紫禁城"一词，即使在古代，也一般不用作朝廷对皇宫的正式称谓。

中国古代讲究"天人合一"，规划紫禁城时，正是体现了"天人合一"的理念。

天帝，居住在紫微宫；人间皇帝，自诩为受命于天的天子，其居所宫殿与天帝的紫微宫对应，称为紫禁城。

秦以前，皇帝之居没有正式的称呼。

秦始皇时，皇帝所居，称为"禁中"。《史记》称："于是，二世常居禁中，与高决诸事。其后，公卿希得朝见。"

《三辅黄图》称："秦始皇兼天下，都咸阳。因北陵营宫殿，则紫宫象帝宫，渭水贯都以象天汉，横桥南度以法牵牛也。"

汉代时，皇帝所居，称为"省中"。诸侯朝见天子，有四种。刚到时，称为"小见"。《史记》记载："燕王小见于禁门。与天子，饮于省中。"

自汉代以后，中国历代皇宫，别称禁中、省中。

东汉时，蔡邕称："禁中者，门户有禁，非侍御者，不得入内，故曰禁中。"

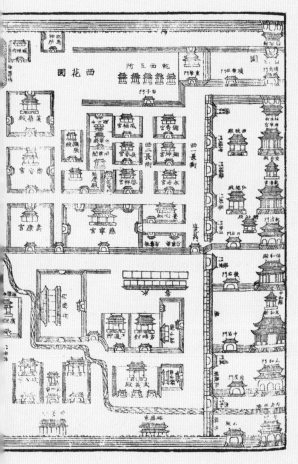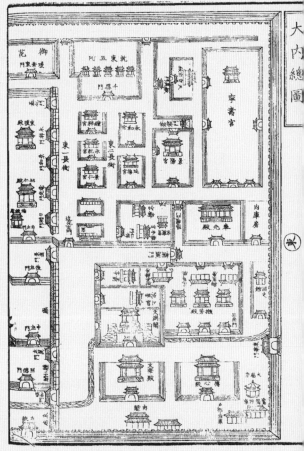

🅰 大内总图

选自《唐土名胜图会》，冈田玉山等编绘，现收藏于日本早稻田大学图书馆。

图中详细标注了紫禁城内各个宫殿的位置，由午门进入，首先是三大殿：太和殿、中和殿、保和殿；然后进入内廷三宫：乾清宫、交泰殿、坤宁宫，以及位于东西两侧的东六宫：景仁宫、承乾宫、钟粹宫、景阳宫、永和宫、延禧宫和西六宫；永寿宫、翊坤宫、储秀宫、咸福宫、长春宫、启祥宫（太极殿）。

东汉许慎《说文解字》称："省，视也。"唐颜师古称："省，察也。言入此中，皆当察视，不可妄也。"

古人将天上中央星宿分为三垣：紫微垣、太微垣、天市垣。紫微垣居中，周围由东藩八星、西藩七星围成墙垣，称为紫微宫、紫宫。古人认为，紫微垣，天帝所居也。

东汉时，官方史书记载，直接称呼皇宫为"紫宫"。

南朝至唐时，大量诗文描述，皇宫称为紫禁、禁城。

唐代时，皇宫称为紫禁城，较为普遍。

《后汉书》记载："天有紫微宫，是上帝之所居也。王者立宫，象而为之。"

紫微、紫垣、紫宫等，成为帝王宫殿的代称。皇帝所居之皇宫，属于人间禁地，常人不能进入，故称为紫禁、禁城、紫禁城。

明朝初期，称为皇城；明万历年间，正式称为紫禁城。

紫禁城，严格按照《周礼·考工记》中帝都营建原则"前朝后市，左祖右社"之制建造。

中国古代建筑，巍峨壮丽，屋顶形式丰富多彩。紫禁城建筑中，不同形式的屋顶就有十种以上。如三大殿，屋顶就各不相同。

紫禁城建筑的屋顶，铺满了各色琉璃瓦件。主要宫殿，以黄色为主；绿色，用于皇子生活区；其他地方，配以蓝、紫、黑、翠，以及孔雀绿、宝石蓝等五色缤纷的琉璃，多用在花园或琉璃壁上。

紫禁城，是世界上现存最大的一座皇宫建筑群，位于中国北京的正中央。

"故宫"的由来

　　"故宫"一词，古来就是指已经灭亡了的王朝宫殿。明清时期的这座王朝的宫殿紫禁城，在1925年以后被称为故宫博物院，简称故宫。

　　1924年11月5日，溥仪和他的后妃们被驱赶出宫。11月24日，由社会各界知名人士和政府官员组成办理清室善后委员会，以公正的态度，清点清宫遗物，办理各种善后问题。

▶ 溥仪与婉容

清室善后委员会，设委员长1人，由李煜瀛先生担任；下设委员14人：民国代表9人——汪兆铭（易培基代）、蔡元培（蒋梦麟代）、鹿钟麟、张璧、范源濂、俞同奎、沈兼士、葛文濬、陈垣；清室方面5人——绍英、载润、宝熙、耆龄、罗振玉。

当时的摄政内阁发布命令：（清室善后）委员会结束之后，即将宫禁一律开放，备充国立图书馆、博物馆之用。

按照《办理清室善后委员会组织条例》和摄政内阁的指令，委员们讨论故宫博物院的名称和组织条例，确定故宫博物院是一个长期的事业机构，性质如同图书馆、博物馆，因为珍本秘籍、文物珍宝如此丰富，机构内肯定包含图书馆、博物馆。考察世界各国博物馆，特别是各国皇宫博物馆，通常包括博物馆、图书馆两大部分。如大英博物馆，其藏品就是图书、文物，由18世纪汉斯爵士遗赠的私人图书馆、文物和19世纪英王乔治四世捐赠的大量藏书构成，因之成立图书馆、博物馆。

各国有直接以皇宫命名博物院的，如土耳其伊斯坦布尔托普卡珀宫博物馆、德国柏林国家博物院。在北京，博物院以故宫为院址，主要职责是收藏、整理、保管和利用清宫所遗留的国宝，如文物、图书、档案，最后，确定成立故宫博物院，院中设立两大馆：图书馆、古物馆。图书馆之下，设立图书部、文献部。选出董事21人、理事9人，并产生了《故宫博物院临时组织大纲》。

故宫博物院设立临时董事会和临时理事会，设立董事21人：严修、卢永祥、蔡元培、熊希龄、张学良、张璧、庄蕴宽、鹿钟麟、许世英、梁士诒、薛笃弼、黄郛、范源濂、胡若愚、吴敬恒、李祖绅、李仲三、汪大燮、王正廷、于右任、李煜瀛。设理事9人：李煜瀛、黄郛、鹿钟麟、易培基、陈垣、张继、马衡、沈兼士、袁同礼。

溥仪出宫以后，在谈到宫中的稀有珍宝和宫廷秘籍时说："宫中之物，系汉唐以来历朝之物。吾既逊位，不得而私。一切珍宝，本来出自人民，吾不得据为己有，望国民政府，公诸人民。"

1925年10月10日，在紫禁城旧址上成立了故宫博物院，简称"故宫"。

故宫，最初设立两大馆：古物馆、图书馆。故宫博物院理事会公推易培基为古物馆馆长，张继为副馆长。馆址最初设在隆宗门内南屋三间，后迁往慈宁宫北部的西三所。1928 年 6 月，国民政府接管北京以后，任命李煜瀛为故宫博物院委员长，易培基为故宫博物院院长兼古物馆馆长。

故宫博物院又从社会各界聘用古器物、历史、文献等方面的专家学者出任古物馆专门委员会委员，负责审查、鉴别宫廷书画、铜器、瓷器、竹器、木器等宫藏古代器物和珍宝。古物馆古物委员会，专门委员有：江庸、沈君默、吴瀛、俞家骥、容庚、陈汉第、郭葆昌、福开森、邓以蛰、钱桐等。另有三位德高望重的委员：丁佛言、廉泉、曾熙，到任后不久即故去。

故宫博物院成立后，随之以故宫三大馆闻名于世：古物馆、图书馆、文献馆。古物馆收藏着清宫遗留下的古物珍宝约 100 万件，图书馆接收了宫廷古籍图书约 80 万册，文献馆收存着宫廷文献档案约 800 万件。这些珍贵的古物、图书、文献，都是中华民族数千年积累下来的民族智慧的结晶，每一件都是价值连城的珍稀文化遗产。

中国顶级的"四合院"

"四"是指：东西南北。"合"是指：四面房屋合在一起，形成一个"口"字形。

一个院子，四面建筑房屋，将庭院合围在中间，称为四合院。

正规的四合院，依东西向胡同、坐北朝南，大门位于庭院东南角之"巽"位，中间是庭院：

"口"字形四合院，为一进院落；

"日"字形四合院，为二进院落；

"目"字形四合院，为三进院落。

三进院落，是明清时期典型的四合院：

第一进院：大门——外院；

第二进院：二门——内院——走廊——正房；

第三进院：院子——后罩房。

在等级森严的封建社会，院落，即宫殿，讲究更多，如大门就分为多种。

皇室大门：7 间。

亲王大门：3—5 间，两侧有影壁。

◐《万国来朝图》

清　佚名　现收藏于北京故宫博物院。
《万国来朝图》描绘的是各国使团来紫禁城朝贡的场景，清朝素来以"天朝上国"自称。画面背景建筑为紫禁城各宫殿，虽为局部，但依然可看出这座"顶级四合院"的布局。

广梁大门：在房屋中柱上安装抱框和大门，门前有半间房屋的空间，房梁全部暴露在外，故称为广梁大门。

金柱大门：在房屋金柱上安装抱框和大门，门前有少量空间，故称。

蛮子门：在房屋前檐檐柱上安装抱框和大门，门前没有空间。这是南方来北京经商的商人常用的宅门，出于安全的考虑，让小偷无藏身之地。当时人们称南方人为"蛮子"，故称。

如意门：在房屋前檐檐柱上砌墙，在墙上的门洞内安装抱框和大门，门前没有空间；门框上方只有两个门簪，上写"如意"，故称。

随墙门：直接在墙上开门洞，做成门，故称。有的装饰有小门楼；有的模仿外国建筑，建成西洋门。

另外，四合院入大门后，还有各种影壁，像宅院内，呈"一"字形的影壁，称为一字影壁；独立于厢房山墙或者隔墙之间，称为独立影壁；厢房山墙上直接砌出小墙帽，做成影壁，称为座山影壁；宅院对面的八字形影壁，称为雁翅影壁。

四合院中还有一种装饰性很强的大门，是垂花门。垂花门，两个前檐柱不用落地、悬在半空；两个倒垂下来的柱头雕刻着莲蓬、串珠、石榴头，酷似含苞欲放的花蕾，这对短柱称为垂莲柱，故名垂花门。

垂花门，采用一殿一卷式屋顶：门外部分，为清水脊梁悬山顶；门内部分，为卷棚顶。二者勾连，屋顶下是小房子，前后有门，左右连接抄手游廊。

向着院子，有四扇绿屏风，平时关立着，称为二门。大门不出，二门不迈，就是指垂花门。

四合院的正房，三间至五间，三正两耳或三正四耳。住宿也有讲究，东厢房，住儿子；西厢房，住女儿。

中国北方建筑，讲究住宅"坎宅巽门"：坎，正北，五行属水，正房建筑在水位上，可以防火；巽，东南，五行属风，寓意出入顺风，平安吉祥。

紫禁城，就是中国顶级的四合院。

什么是宫，什么是殿

故宫博物院，有 980 座宫殿，共 8728 间房屋。

为什么有些地方称为宫，有些地方称为殿，宫和殿，又有什么不同？

宫殿，是帝王处理政务和宴居生活的场所。建筑雄伟，规模宏大，巍峨壮丽，是帝王理政和生活的空间，因此称为宫殿；它是古老文明的象征，是国家悠久历史的记忆，是时光长河的物证，更是一个王朝盛衰的见证。

宫殿，通常是指帝王高大华丽的房屋；殿陛，是指帝王宫殿的台阶。

宫，最早见于甲骨文，本义是指房屋，后来引申为宫室、宗庙、神庙、学校等；从字形上说，从"宀"，像房屋之形；从"吕"，像几个宫室，本象是居室相连相通。后来，为了便于书写，就把两个"口"分开，形成上下重叠形，本义是房屋。

《易经·系辞》称："上古穴居而野处，后世圣人易之以宫室。"

宫，本义指房屋。秦王嬴政统一天下，正式称帝，称为"始皇帝"，开启了中国长达 2132 年的帝制时代。秦始皇称帝以后，确定"宫"为皇帝专用名称，指皇家宫室。

殿，形声字，最早见于西周金文。东汉许慎在《说文解字》中称，殿，本义是"击声"。后来，借用为宫殿，指高大雄伟的建筑。秦汉以后，帝制时代，专指帝王的房屋或者神佛的殿堂。《说文古本考》称："殿，堂之高大者也。"

宫和殿有所不同，是指帝王宫室中不同区域的建筑，其功能不同，建筑规格等也有所不同。

故宫宫殿，简单地说，"国事曰殿，家事曰宫"。意思是，办理国家大事的地方，称为殿；办理家庭事务的地方，称为宫。

紫禁城，从职能上看分为两大部分：外朝、内廷，合称为朝廷。

外朝，是指皇帝及王公大臣、文武百官办公的地方，占紫禁城三分之二的面积；内廷，是指皇帝及太后、后妃、宫眷、子女生活的地方，占紫禁城三分之一的面积。在建筑规格、建筑规模和装饰等级诸方面，外朝建筑远远高于内廷建筑：如太和殿，外朝最大之殿，是中国现存最大的木建筑宫殿，建筑面积2377平方米，通高35.05米；乾清宫，内廷最大之宫，建筑面积1400平方米，通高20米。

外朝和内廷，以乾清门广场为界，乾清门广场西起隆宗门，东到景运门，广场以南为外朝区域，广场以北为内廷区域。

外朝区域，几乎所有的重要建筑都称为殿，包括：太和殿、中和殿、保和殿、文华殿、武英殿等；没有一座重要建筑，称为宫。

内廷区域，几乎所有的重要建筑都称为宫，包括：乾清宫、坤宁宫、东六宫、西六宫、重华宫、斋宫等。内廷之中有个别特殊的宫室，取名为殿。例如交泰殿，位于乾清宫、坤宁宫之间，取《易经》：天地交，万物通，称为天地交泰。交泰殿，意思是天地交合、阴阳平衡之地，是紫禁城的"龙穴"所在，是阴阳交融之殿。钦安殿，是紫禁城北部最重要的一座道教建筑，供奉着紫禁城的保护神真武大帝。养心殿，是清雍正皇帝以后皇帝裁理政务的重要地方。

内廷区域，历来是皇宫禁地，任何王公大臣、文武百官，没有奉旨，不得踏足后宫。

皇宫宫规森严，禁卫军日夜护卫，传筹警备；所有宫殿的重要门户，皆重兵守护，严格盘查。

每天落日以后，整个内廷，除皇帝之外，正常的男人还有七人：四名御前侍卫，守护乾清门内；两名御医，居住在乾清宫东边日精门旁的御药房；一名奏事官，居住在乾清宫西边的月华门旁，随时听候皇帝的召唤。七人是夜间值班人员，只能待在自己的值班室，不准出来走动，不准走下台阶，否则犯下重罪，格杀勿论。

◀ 乾清门

◀ 交泰殿

太和殿广场

"香山帮"主持建造了紫禁城

苏州香山，位于苏州太湖之滨，自古以来，就出著名的建筑工匠，擅长复杂精细的中国传统建筑技术，人称"香山帮"工匠。史书称："江南木工巧匠，皆出于香山。"

明初时，生于苏州香山的蒯祥，主持设计、建造了天安门城楼和紫禁城。因其建筑技艺高超，被尊称为"香山帮鼻祖"。

蒯祥（1398—1481年），江苏吴县香山渔帆村人。生于洪武三十一年，父子同为总管皇宫建筑的"木工首"。他精通建筑木工技艺，是天安门城楼的设计者和建造者，官至工部侍郎，先后主持和参与了许多皇室工程：紫禁城、三大殿、长陵、献陵、隆福寺、西苑（北海、中海、南海），等等。不过，建造紫禁城时，他刚刚20岁，是皇宫的建造者。

传说，诚意伯刘基是紫禁城建造的总设计师。

刘基（1311—1375年），字伯温，浙江青田人。洪武三年（1370年），封诚意伯，人称"刘诚意"。他是一代谋士，朱元璋称赞他"吾之子房（张良）"！

民间民谣称："三分天下诸葛亮，一统江山刘伯温。""前朝军师诸葛亮，后朝军师刘伯温！"

洪武八年（1375年）正月下旬，刘基感染风寒。朱元璋派遣丞相胡惟庸带着御医前往探视。御医开方，照方抓药。药煎服以后，刘基心里感觉十分痛苦，肚子如被尖锐石头挤压。二月中，刘基抱病觐见朱元璋，述说自己服药之后的痛苦。朱元璋不置可否。三月下旬，刘基奉旨从京城回乡。四月十六日，刘基去世，终年65岁。

建造紫禁城时，刘基已经去世40余年。因此，刘基不可能是紫禁城的总设计师。

事实上，建造紫禁城的总负责人是泰宁侯陈珪；主持紫禁城建造工程者，是以蒯祥为代表的"香山帮"工匠。

陈珪，江苏泰州人。追随朱棣，"靖难之役"中，立下汗马功劳，封泰宁侯。永乐四年（1406年），朱棣下令营建紫禁城，任命71岁的陈珪为工程总负责人。永乐十五年（1417年），正式动工，皇帝钦定陈珪为工程营建总负责人。永乐十七年（1419年），紫禁城完成前夕，卒于任上，终年85岁。

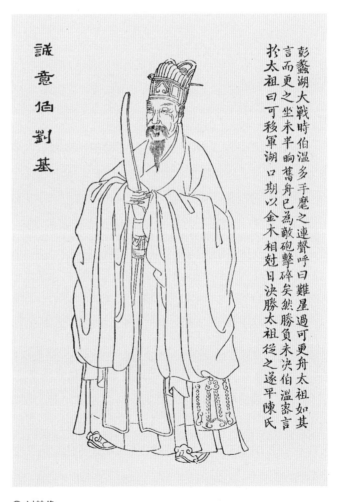

▲ 刘基像

选自《古圣贤像传略》清刊本　清　顾沅辑录，孔莲卿绘。

紫禁城总设计师——蒯祥

设计紫禁城

蒯祥父亲蒯富，木工技艺高超，被明王朝选入京师，主持南京宫殿的木工活制作，当了总管建筑皇宫的"木工首"。蒯祥世袭工匠之职。

蒯祥天赋很高，自幼随父学艺，木工技艺精湛。蒯富告老还乡后，儿子在木工技艺和营造设计方面独步当世。蒯祥继承父业，出任"木工首"。不久，他任职工部侍郎，参加、主持了多项重大皇室工程。

景泰七年（1456年），他任工部左侍郎。负责建造的主要工程包括：北京皇宫（1417年）；皇宫三大殿、长陵（1413年）；献陵（1425年）；隆福寺（1425年）；北京西苑（今北海、中海、南海）殿宇（1460年）；裕陵（1464年）等。

永乐十五年（1417年），明成祖朱棣营建北京皇宫，征召全国各地工匠，齐集北京。蒯祥作为明成祖随从人员，先期北上，参加皇宫的建筑设计，被任命为皇宫工程设计师。

他奉旨的第一项任务，就是负责设计和组织施工皇城正门承天门（今天安门）。

这项大型工程，在蒯祥亲自设计和运筹下，于永乐十九年（1421年），承天门竣工。其城楼形状与今日大致相仿，但是规模较小。

最早的天安门，原名承天门。建成之后，受到文武百官的称赞。永乐皇帝龙颜大悦，称他为"蒯鲁班"。

蒯祥在京任职40多年，正统年间（1436—1449年），还负责兴建了承天、华盖、谨身三大殿（即今太和、中和、保和三大殿）。

紫禁城开始修建后，蒯祥担任"营缮所丞"（负责工程的设计与施工）。紫禁城的规划、布局大多出于他的巧妙设计。他亲临工地，经常解决一些技术难题。

据说，有一次，一个木工锯皇极殿宫门门槛时，不小心将木料锯短了一尺。这根木料，是缅甸进贡的珍贵巨木。锯短木料，工匠立即面临大祸。蒯祥来到，端详了一会儿，说："没有关系，可以补救。"他让闯了祸的木工，将木料的另一头也锯短一尺。那位木工却呆在那里，不敢下手。

蒯祥不说话，接过锯来就锯。锯完，按照尺寸，另外雕刻了两个口中含珠的龙头，用活动头装到锯短了的门槛上；然后，再把门槛安装到门上；尺寸完全吻合，而且便于拆卸。这种装置，人称"金刚腿"。

天顺元年（1457年）七月，承天门被大火烧毁。八年后，明英宗命工部尚书白圭主持重建。白圭请蒯祥重建，为9开2层木构城楼。随后，他主持修建两宫、五府、六衙署等。天顺八年（1464年），他亲自主持了明十三陵之裕陵的建造。

蒯祥功绩卓著，从一名工匠逐步晋升，官至工部左侍郎，授二品官，享受一品官员俸禄。

据《明史》记载，蒯祥在建筑学上的造诣达到了炉火纯青的程度：

他精通尺度计算，每项工程施工之前都做精确的计算；施工过程之中，遇到的任何问题，皆可迎刃而解；工程竣工之后，位置、距离、大小尺寸，与设计图纸分毫不差；精通几何学原理，榫卯技巧在建筑艺术上独树一帜。中国古代建筑，大多是木结构，其关键在于主柱和横梁之间的合理组合，蒯祥在用料、施工等方面都精心筹划，营造的榫卯骨架，都结合得十分准确、牢固。北京皇宫建筑中，蒯祥将江南的建筑艺术巧妙地加以运用，采用苏州彩画、琉璃金砖，使殿堂楼阁显得富丽堂皇。

蒯祥不但木工技术炉火纯青，而且还有很高的艺术天赋和审美意识。

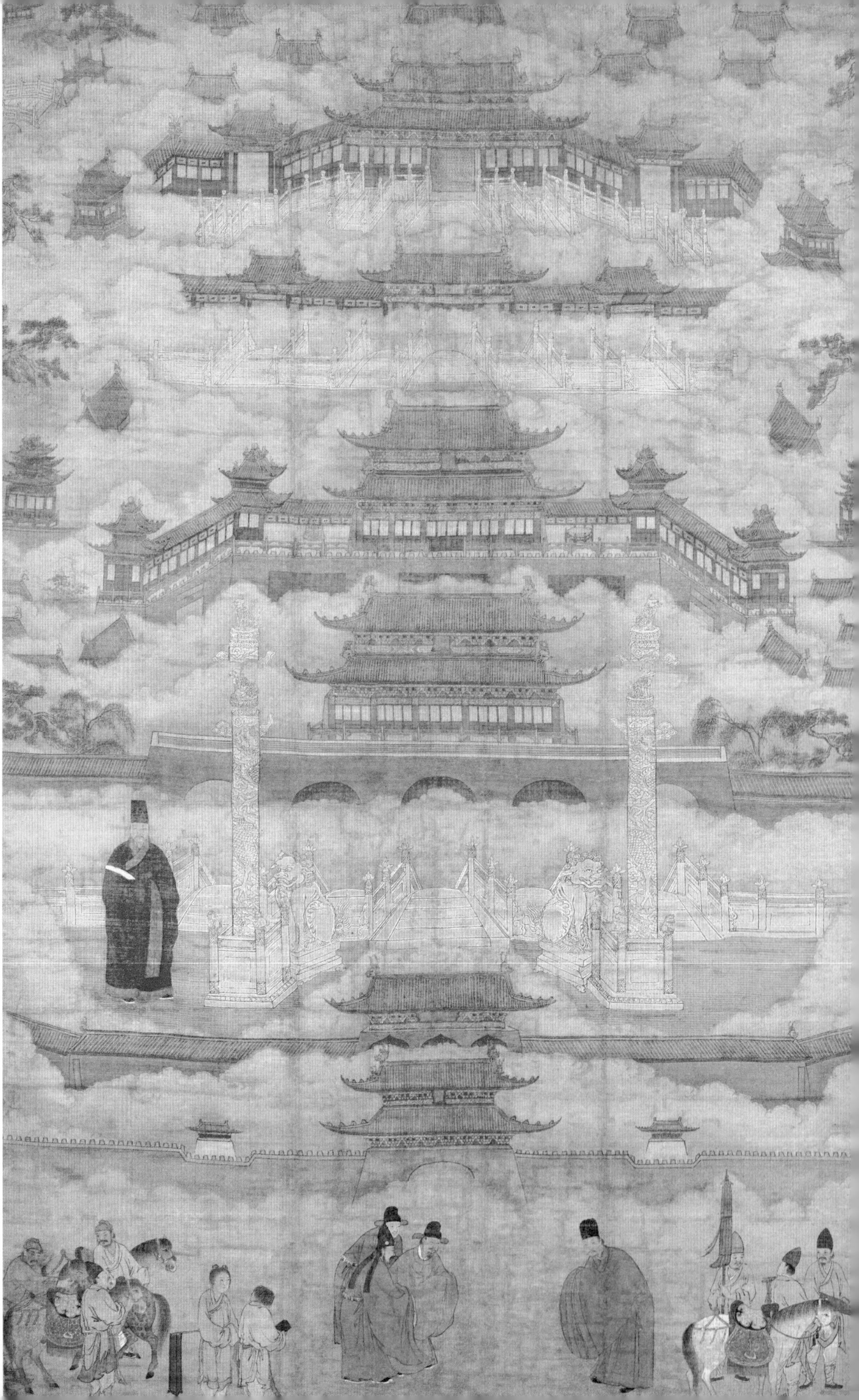

明　朱邦《明代宫城图》现收藏于大英博物馆。

据记载，蒯祥精通泥、石、漆、竹等手艺，能以双手握笔，同时画龙，合二为一，一模一样，画工技艺可谓至于化境。

当时，营建紫禁城宫殿楼阁之时，他只需略加计算便能画出设计图纸；施工完毕后，建筑与设计图样，尺寸大小，分毫不差。从明成祖到明宪宗，都十分敬重他。《明宪宗实录》称："凡百营造，祥无不与。"

成化十七年（1481年）三月，蒯祥去世，终年84岁，葬于他的故乡太湖之滨。墓碑右侧，立有天顺二年（1458年）钦赐的"奉天诰命"碑。

五匠全能

据考证，蒯祥读过几年私塾，他的工匠技艺十分出色，木匠、泥匠、石匠、漆匠、竹匠五匠全能，而且是五匠全能冠军。

《吴县志》记载，他精于建筑构造，"略用尺度……造成，以置原所，不差毫厘"。

蒯祥的建筑造诣，同行叹为观止，其技艺如鬼斧神工。在京城，"违其教者，辄不称旨"。皇帝"每每以蒯鲁班称之"。

江苏吴县是蒯祥故里。蒯祥墓位于吴县市胥口镇渔帆村，南望浩渺的东太湖，背倚青葱渔洋山。

蒯祥墓附设石兽、山门、纪念馆等建筑，庄严而肃穆。碑铭上写着：蒯祥，为吴县香山人（今胥口镇），生于1398年，卒于1481年，字廷瑞，是北京故宫、五府六部衙署、长陵等建筑的营造者。

江苏吴县，出能工巧匠，人称"香山帮"。

"香山帮"建筑工匠群体，工种齐全，分工细密，能完成高难度的建筑工程。

例如，木匠分为大木、小木。大木，从事房屋梁架建造，如上梁、架檩、铺椽，做斗栱、飞檐、翘角等。小木，进行门板、挂落、窗格、地罩、栏杆、槅扇等建筑装修。小木中有专门从事雕花工艺者。清以后，木工中产生了专门的雕花匠。木雕工艺流程，有整体规划、设计放样、打轮廓线、分层打坯、细部雕刻、修光打磨、揩油上漆等。

除分工细密之外，"香山帮"的工具也非常先进。例如，木匠用的凿子，分手凿、圆凿、翘头凿、蝴蝶凿、三角凿五种；每一种，又有若干不同尺寸或角度的凿子。

"香山帮"建筑，具有色调和谐、结构紧凑、制造精巧和布局机变的特点，可谓技术精湛，名享天下，代代相传。

南京博物院收藏的《明宫城图》，十分难得地保留了蒯祥画像。他身穿红袍，官人打扮，身后是富丽的紫禁城建筑。该画现存两幅，其中一幅藏于北京故宫。画像旁，有"工部侍郎蒯祥"字样。

历史学家顾颉刚考证：有题字之画，是献给皇帝的；无题字之画，是留给子孙的。

这幅珍贵画作，是北京紫禁城新宫竣工图，画面精细准确。当时，承天门（天安门）黄瓦、朱柱，上为面阔五间门楼，下为开有五孔的城台，外有金水桥五座对应；两侧分列石狮、华表，与今日格局基本相同。

仔细研究画作，《明宫城图》的作者实际上就是蒯祥本人。

"样式雷"：顶级皇家建筑师

建筑设计世家

"样式雷"，为中国古代皇家建筑设计世家。是对清代200余年间主持皇家建筑工程设计的雷氏世家的荣誉称呼。

中国雷氏家族是清代宫廷建筑师世家，著名人物包括：雷发达、雷金玉、雷家玺、雷家玮、雷家瑞、雷思起、雷廷昌等。

17世纪末，清康熙二十二年（1683年），一个南方匠人雷发达和他的堂弟雷发宣应募来到北京，参加皇家工程的建设。因为技术高超，他很快就被提升担任设计工作，主持皇家工程建设。从他开始，雷氏家族七代，直到清朝末年，参与了主要的皇室建筑工程，包括紫禁城宫殿、三海、圆明园、颐和园、静宜园、承德避暑山庄、清东陵和西陵等重要工程的设计。

雷氏家族，六代人在样式房中任"掌案"之职。因为雷家世代是清廷样式房的"掌案"头目人，也就是首席建筑设计师，所以同行之中尊称这个世袭的皇家建筑师雷氏家族为"样式雷"，口语称为"样子雷"。雷家主持了北京都城、宫殿、苑囿、陵寝、府邸、衙署等大型工程，留下了约2万件珍贵建筑图样、80余件珍贵建筑烫样。

皇家建筑工程由钦工处负责。钦工处，又称工程处，由皇帝钦派大臣组建管理皇家工程的临时特别机构，负责皇家建筑工程，工程结束之后就会撤销。

钦工处下设立样式房，专门负责皇家工程的规划、设计、施工，其头目称为"掌案"。

"样式雷"，祖籍江西永修，从第一代"样式雷"雷发达，于康熙年间由江宁（南京）来到北京，到第七代"样式雷"雷廷昌在光绪末年逝世，雷家有七代为皇家进行宫殿、苑囿、陵寝以及衙署、庙宇等设计和修建工程。

雷氏家族，主持皇家工程，每项工程都十分繁杂，主要包括：观察风水、勘测地势、选择地址、设计图纸、制订施工方案、工程烫样、施工记录，等等。

清宫样式房负责绘制工程项目的大量图样，图样主要包括：

1. 草图，称为糙底；

2. 建筑图样，称为细底、准底；

3. 建筑模型，进呈皇帝御览，称为烫样；

4. 相关文档，包括：清单、略节、旨意档、堂司谕档、随工日记，等等。

这些图样、烫样、文档，正本进呈御览，留存宫廷；正式施工图本、文本、副本，由主管部门收存；雷氏家族，收存了大量的草图、细底、正本和副本复印件，以及相关工程的实地图样、记录，等等。

"样式雷"图档，是皇家工程各式各样的建筑样图，涵盖了几乎所有类型，包括正立面、侧立面、立影图、平面图、投影图、旋转图、等高线图等；涉及每项工程的每一个细节、每一个建筑结构尺寸，全部绘制、记录在案。"样式雷"画有大量"现场活计图"，是皇家工程施工现场的真实进展图，特别是皇帝、太后的陵寝——这些图样，真实地展现了皇家陵寝的全貌，从选定地址到基础开挖，再到陵地施工，从地宫、地面、立柱，到屋面装修完成，体现了"样式雷"在皇家工程方面绘制图样之精细和建筑施工程序之严谨。

雷氏家族，为皇家建筑工程设计方案时，都是按照 1/100 或 1/200 比例，先制作模型小样，进呈内廷，以供皇上审定。

这些模型小样，用草纸板热压制成，称为建筑烫样。其宫殿台基、瓦顶、柱枋、门窗，以及殿内的床榻桌椅、屏风纱橱等，均按比例，精制而成。

皇帝审定时，建筑样式、结构一目了然。

雷氏家族制作的建筑烫样独树一帜，是了解清代皇家建筑和设计程序的重要工程资料。

🔺 圆明园遗址

选自《燕京胜迹》，现收藏于中国国家图书馆。
这张照片拍摄于 1860 年 10 月，英法联军侵华后，将圆明园洗劫一番，事后更是一把火对其进行焚毁。

稀世之宝：烫样

现在留存于世的皇宫建筑烫样有80余件，收藏于北京故宫博物院，它们无比珍贵，堪称稀世之宝。

故宫博物院收藏的80余件皇家建筑烫样，是进呈给皇帝审阅而特别制作的建筑模型，比例严谨，数据精确，造型逼真，具有极高的历史价值。现存烫样，主要是清同治、光绪年间重建圆明园、颐和园、西苑等地皇家工程时，由皇家建筑设计师"样式雷"家族，通过平面的设计图，利用纸板、秸秆、木头等简单材料，精心组合制作而成的立体微缩建筑模型。

中国皇宫设计、建筑，历史悠久。战国时期，就有建筑总平面图。汉初时，已能按照建筑图样建筑、施工。大约7世纪初，隋朝建设宫殿时，就设计、制作了建筑图样和建筑模型，比例是百分之一。一直以来，清以前都没有留下皇家建筑图样、建筑烫样和建筑文档。

"样式雷"皇家建筑师建筑图样、烫样文档，是中国古代宫廷建筑史上仅存的珍贵图样、档案。它们充分展示了中国古代皇家建筑高超绝伦的建筑设计和无与伦比的建造水平，填补了中国古代建筑史的众多空白。

宣统三年十二月二十五日（1912年2月12日），隆裕皇太后率领6岁的宣统皇帝，在养心殿发布退位诏书，宣布皇帝退位，清王朝灭亡。

1925年10月10日，故宫博物院成立。故宫博物院以三大馆闻名于世，分别是古物馆、图书馆、文献馆。

进呈御览的皇家工程图样、烫样、文档等，由故宫博物院接收，数千件珍贵的皇家建筑工程图样、文档等，由故宫博物院图书馆收藏；80余件建筑烫样，由故宫博物院古建部收藏；部分文档，后由台北故宫博物院收藏。

雷氏家族一直居住在北京，主要居住地是西直门内东观音寺胡同。雷氏家族的大量皇家建筑图样、文档，主要收藏于东观音寺胡同。

▲ 圆明园烫样：天地一家春

"天地一家春"是圆明园东部的一组建筑群。

◀ 内务部部长朱启钤

选自《天坛》。
此照片的拍摄背景为袁世凯为复辟帝制而举办的天坛祭天仪式。

烫样收藏

朱启钤（1872—1964 年），字桂辛，号蠖园，人们称他桂老。祖籍贵州开州（今开阳）。他的一生，经历了清朝末年、北洋政府、民国、日伪、新中国五个历史时期。

朱启钤，是中国古代建筑的奠基人。1917 年，他在江南图书馆发现了宋代李诫的《营造法式》手抄本，委托商务印书馆以石印本印行，同时，在北京刊行仿宋本。随后，他组织人员对《清钦定工部工程做法》一书进行校注。1929 年，朱启钤得到中华教育文化基金董事会的资助，成立了"中国营造学社"，自任社长。社中设立文献组和法式组，朱启钤兼任文献组主任，建筑学家梁思成担任法式组主任。营造学社是最早研究中国传统建筑式样、设计的学术团体，奠定了中国古代建筑学的基础。

朱启钤一直奔走于雷氏家族，希望雷氏家族珍藏的皇家建筑图样、文档，能够由北京图书馆收藏。

1930 年 6 月，在朱启钤的奔走下，雷氏家族的 37 口大箱子，装满各种珍贵的皇家建筑图样、文档，装上数辆车子，运往位于北海西岸的北平图书馆，由北平图书馆收购、珍藏，共计 4500 块银元。

传世雷氏家族"样式雷"图样、文档、烫样等，有 2 万余件，收藏如下：

1. 国家图书馆（北平图书馆），1.5 万件，包括：文华殿文渊阁立样全图、圆明园文源阁图样、圆明园来水河道全图、天坛工程做法及工料册，等等。

2. 故宫博物院图书馆，约 4000 件，主要包括：热河行宫河山图、永陵画样图、永陵大殿宝顶画样图、清宁宫地盘样平面图、凤凰楼上中下层地盘样图、大政殿地盘画样图、惠陵地盘尺寸图、普陀裕万年吉地丈尺全图画样底稿、京城九门内大街胡同河渠名称平面图、隆福寺行宫地盘画样草图、桃花寺行宫立样图、丫髻山行宫地盘尺寸平面草图、长春园内围河道全图、圆明园殿内尺寸平面图、圆明园九洲清晏澄心堂等处内装修平面图、圆明园九洲清晏同道堂等地内檐装修平面图、万春园内河道尺寸草图、长春园西洋楼地盘尺寸糙图、养心殿东佛堂神龛供柜尺寸立样糙图、清宁宫面宽大木尺寸立样图，等等。

3. 中国第一历史档案馆，约 1000 件。

4. 清华大学，315 件。20 世纪 30 年代，中国营造学社收藏藏品，包括建筑画样、定东陵地宫烫样等。

5. 日本东京大学东洋文化研究所，277 件建筑图样，1656 件相关文档。

6. 中国文化遗产研究院，35 册。中国营造学社收藏藏品，包括雷氏家族家谱、信函、笔记，等等。

世居海淀

"样式雷"家族，从康熙年间开始，世居北京海淀镇，是北京老居民。

1935 年 10 月，《北辰画刊》发表雷发宣之子雷金兆文章《雷氏迁居金陵述》。文章末尾，陆伯忱写注："康熙二十二年，西历 1683 年，此雷氏北上以艺供职之始，自此，定居海淀，直至圆明园焚毁，始迁城内。"

康熙二十二年（1683 年），康熙皇帝正式修建畅春园。第一代"样式雷"之雷发达，奉旨进京，居住海淀。

据史料记载，"样式雷"祖宅，位于北京海淀镇中部，东西走向之槐树街；街道南是德贝子园北墙；西部墙外是香厂大院胡同；北临老虎洞，东边是下洼子。

雷宅占地较多，面积广阔：东西长 130 米，南北宽 60 米，包括中、东、西三路建筑。

中路建筑为三进院落：前院，为门房、书房，有一旁院，为车马房；中院，为主人卧室，正房三大间，东西厢房各三间，各有耳房；后院，为神堂、影堂、厨房。建筑规范、严整，朴实无华。

西路中间为一座四合院，是建筑的核心部分，正房，三卷，15 间；东西厢房，各 3 间；南房，5 间；四面，24 间游廊连接；西院，靠南北院墙，修建南群房 14 间，后罩房 14 间；西院，靠北墙，修建了一座染房院，面向老虎洞修建了几间铺面房。

东路，前半部分为学院房；北边，修建了一排照房，单开一个大北门；中部，修建了一座小型花园。

雷氏祖宅一水的青砖瓦房，修建在铺设石板路的老虎洞路南。几代"样式雷"家族，居住在北京海淀镇槐树街，大约 200 年。

清咸丰十年（1860 年），英法联军火烧圆明园和海淀镇。"样式雷"家族祖宅遭遇灭顶之灾，雷氏失业，无家可归。于是，雷家迁居北京城内东观音寺新宅。

清光绪二年（1876 年），雷廷昌重修海淀故居，出租房屋。光绪末年，又将房产出售。

20 世纪末，槐树街雷氏祖宅依然保留着原有建筑的基本格局。

雷氏家族，在北京西郊购买了土地数顷，集中在海淀四季青乡巨山村、双槐树村一带。于海淀镇，雷家开设了多家商店：老虎洞、清河、巨山、北下关等。

雷氏祖坟，在北京西郊海淀镇：

雷金玉夫人张氏，葬小南庄；

雷声澂，葬榆树林；

雷家瑞，葬西冉村。

巨山村东雷氏祖茔：清同治四年（1865 年），"样式雷"第五代雷景修主持修建，占地 195 亩，"样式雷"第五、六、七代葬于此。

雷氏祖坟，建造在两道小河之间的平地之上。

靠近村头，是西祖坟，占地 43 亩：四周，松墙环绕；北、东、西三面，各栽三排白杨，共计 242 棵；阴宅，栽有白果松 31 棵、马尾松 50 棵。

8 座坟墓，其中 3 座较大的宝顶：

一座是第二代"样式雷"雷金玉衣冠冢，竖墓碑，额题"圣旨"；碑阴面，刻"雷金玉及妻张氏德政碑"，额题"承先启后"。

巨山村雷家祖坟，西、南、北三面环水，修建了三条石砌泊岸，高 1 米，长 100 余米；岸边、堤外，栽种柳树 468 棵；坟茔四周是长长的松墙，栽种松树、槐树、榆树、柳树等，共计 3415 棵，人称"松墙杨柳城"。

最后的守望者

雷廷昌，第七代"样式雷"传人，是雷氏家族家谱记载中样式房"掌案"最后一代传人。他生于道光二十五年（1845年），故于光绪三十三年（1907年）。他去世的第二年，光绪皇帝驾崩。

他的主要业绩是修建皇帝陵墓：

他和父亲雷思起，先后为咸丰皇帝、同治皇帝、光绪皇帝和慈禧太后修建陵墓；重修圆明园、颐和园；扩建三海工程；等等。

雷献彩，雷廷昌长子，"样式雷"第八代传人，参与的主要工程：圆明园、摄政王府、北京正阳门工程，等等。

"样式雷"家族是中国古建界的丰碑，长期为皇室服务，设计、建造了几乎所有的皇室大型工程，包括：

两宫：紫禁城、承德避暑山庄及外八墙；

三海：北海、中海、南海；

三山：香山、万寿山、玉泉山；

五园：圆明园、颐和园、静宜园、静明园、畅春园；

两陵：东陵、西陵。

"样式雷"，留下了2万余件建筑图档，十分珍贵，人称传世绝响。

2007年，"样式雷"建筑图档，被列入《世界记忆名录》。

雷家最鼎盛之时，仅仅西单大街一条街上，就有九成店铺都是雷家的。然而，雷家败落时竟一无所有。

穷困潦倒时，雷献彩曾寄住在雷家祖坟南边100米的寺庙之中，饥寒交迫。其后代雷文骧以后，基本上和建筑绝缘。雷文骧曾在冰窖子打工，无法糊口，无奈之下，搬到祖坟阳宅一间半小楼上居住。后来，新中国成立以后，他在北京协和铜厂工作，手很巧，由他设计的一盏宫灯就挂在天安门城楼上。

清　佚名　《三山五园图》

故宫的城墙、护城河

故宫城墙究竟有多高？

紫禁城城墙，高约三丈，大约 10 米。

紫禁城城墙横截面：

底部，是二丈五尺，大约 8.33 米；

上部，是二丈一尺二寸五分，大约 7 米；

宫墙，总长一千零六十八丈三尺两寸，大约 3561 米。

故宫护城河究竟有多宽？

紫禁城护城河，宽 52 米，深 4 米。

护城河河水源头，是京西玉泉水：玉泉水源自玉泉山，经过颐和园、御河、西直门的高梁河，流到市中心的后海；然后，从地安门步梁桥下引出一支水流，经过景山西门地道，进入护城河。

从康熙十六年（1677 年）开始，皇帝吩咐，护城河每年要种植莲藕。夏天时，荷花盛开，护城河如同玉带，非常美丽，风景如画。皇帝吩咐在护城河栽种荷花，不是为了观赏风景，而是采摘莲蓬、莲藕，以节省宫廷开支。每年，清代宫廷开支不及明代宫廷的十分之一。

每年，护城河莲藕丰收，除一部分供应宫廷膳食外，另一部分则由太监拿到街市上出售，销售所得，明记账目，存入专库，用于宫廷购买零用物品。

嘉庆年间，宫廷经费紧张。嘉庆皇帝特许将护城河荷花地出租，每年收取租银一百二十五两九钱一分五厘。

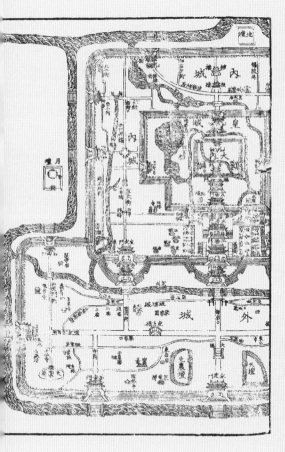
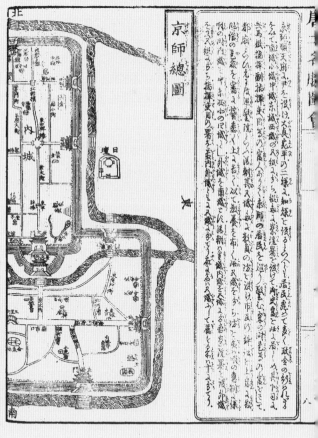

⚠ 京师总图

选自《唐土名胜图会》，冈田玉山等编绘，现收藏于日本早稻田大学图书馆。
京师，指紫禁城。图中详细绘出了清朝皇城宫室城池的分布，具体绘制范围南起永定门，北到钟楼，以及东西护城河外的日坛、月坛。图中可以清晰地看到故宫城墙以及内金水河、护城河的所在位置。

"天下第一河"——金水河

秦朝时，皇宫宫殿从渭水北岸的咸阳宫，一直铺展到南岸的阿房宫，中间是渭水，如同天上的银河。后来，每朝皇宫必引一条渠水流经宫中，象征天上的银河。

紫禁城中有一条渠水，从护城河引入，自紫禁城西北入宫，划过一片弧形，从紫禁城东南流出，称为内金水河。天安门前，与护城河相连接的河段，称为外金水河。

紫禁城内流淌的金水河，人称"天下第一河"。

金水河，源自北京西部宛平县的玉泉山，流至义和门（今西直门）南水关，进入京城，故称"金水"。

金水，是指这条河的源头和方位。中国古人将金、木、水、火、土，分别代表5个方位。金，代表西；金水，表明这条河水来自西部，是西边来的水。

《日下旧闻考》记载："白虎水为玉河，出玉泉山，经大内，出都城，注通惠河。"

玉河，就是御河。元代时，正式称为金水河。

金水河，俗称筒子河、护城河，蜿蜒曲折，如同玉带，又称玉带河。

从元代开始，金水河成为皇家宫中河道的专用称呼，任何人不准借用和染指，否则就是犯法，即大不敬罪，为十恶罪之一，犯此罪者斩首。

元代时，马祖常，回族诗人，官至礼部尚书、枢密副使，写有《玉河诗》：

御沟春水晓潺潺，直似长虹曲似环。

流入宫城才咫尺，便分天上与人间。

元代时，诗人王冕写《金水河》：

金水河从金口来，龙光清澈净无埃。

流归天上不多路，肯许人间用一杯？

元代时，京城西北西直门外，金水河和通惠河上游平行；从西直门南水关，进入京城；在西直门大街东段偏南，南流；至甘石桥，北流，形成一个U字形；从西步粮桥进入太液池（今北海）。

明代时，金水河改道：河水流出玉泉山，向东流入小湖（紫竹院湖）；向东汇合京梁河，流经高梁桥，一分为二：一入城隍，为护城河；一入德胜门水关，进入后湖（今后海），向东南，经银锭桥，进入什刹海；向南，出西步梁桥，进入太液池；经南海东岸，沿御用监南护城河，抵达西长安右门，穿过承天门（今天安门）金水桥。

内金水河河水，从紫禁城西北角地道入宫，从西北角楼下的城隍庙东边向南流；在慈宁花园墙外，转向东南，蜿蜒曲折，流经武英殿前，经断虹桥，流向太和门前广场，形成一条优美的拱形曲线；然后，河水转头，向北流经文渊阁；向南，流向銮驾库，从紫禁城东南角之巽方，流出皇宫。

内金水河河水到达宫墙西南时，一股进入地道，从织女桥流出，绕过社稷坛；接着，从外金水桥下流过；经牛郎桥，向东，过天妃闸，流出皇城，称为外金水河。

紫禁城内金水河，非常美观，且非常实用：河水蜿蜒曲折，如同玉带，四季不同，风景如画；下雨时，排泄雨水；平常可观鱼赏荷；营造时，取水配灰；失火时，取水救火。

《北京宫阙图说》记载："是河也，非为鱼泳在藻，以资游赏；亦非故为曲折，以耗物料。恐意外回禄之变，此水实可赖。"

明中期以后，内金水河长期淤积。天启年间，降旨疏浚。崇祯皇帝登基后，吩咐于金水河中栽种荷花、菱角；于水中养鱼，养水禽。

紫禁城内金水河，一直景致绚丽，风景宜人，宛若江南水乡。有宫词为证：

禁河新涨碧泓涵，鱼鸟嬉春意自酣。
一望白萍红蓼路，大都风景似江南。

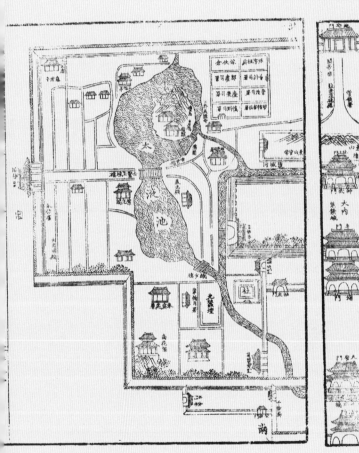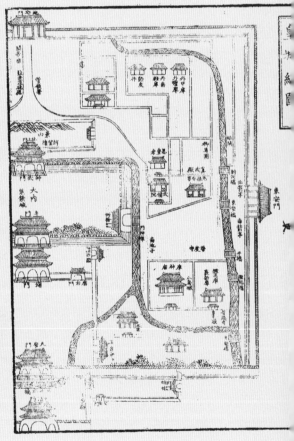

⬥ 皇城总图

选自《唐土名胜图会》，冈田玉山等编绘，现收藏于日本早稻田大学图书馆。

太和殿前御河桥（内金水河） 选自《燕京胜迹》，现收藏于中国国家图书馆。

午门与内金水河 选自《燕京胜迹》，现收藏于中国国家图书馆。

中国最早的宫廷报警器

太和门两侧分别是协和门、熙和门，其门前的石栏杆望柱头，顶部构造奇特，非同寻常。

紫禁城重要宫殿门前，石栏杆望柱头都是如此，造型独特：

石栏杆望柱顶部花头，凿有一个圆洞；沿着圆洞向下，整个石柱凿空；空空的石柱最里面有连珠石球。

从外观上看，望柱头年代久远，遭风雨剥蚀。其实，这是紫禁城的特殊装置：宫廷报警器。这种宫廷报警器，满语称为"石别拉"。

一旦宫廷遇警，侍卫人员会以最快的速度跑向最近的望柱头，将一种特制的小铜喇叭插入孔中，用力吹之，顿时，柱头发出呜呜的声音，非常嘹亮，如同海螺一般，传彻内廷。

据研究，这种宫廷报警器是满族入关以后特别制作的。

石栏杆是明代建造紫禁城时砌就的，没有报警器。清朝定都北京，入主紫禁城以后，清帝深谋远虑，对重要宫殿门前的望柱头进行加工：凿空石柱头，制出报警器，以备警戒，并赐名"石别拉"。

🔺 太和门广场及金水河桥上的"石别拉"

栏杆顶部圆顶花头的望柱便是"石别拉",从太和门广场吹响"石别拉",声音可传至东华门、西华门、三大殿以及乾清门一带。

故宫匾额奇事

只用汉文书写

太和殿内悬挂乾隆皇帝御笔横匾："建极绥猷"；两边的柱子上，是乾隆皇帝御笔对联：

> 帝命式于九围，兹惟艰哉，奈何弗敬；
> 天心佑夫一德，于言保之，遹求厥宁。

袁世凯称帝时改造大殿，极大地破坏了殿内匾联：大殿内，横匾换上了"礼堂"二字；太和殿，改称为"承运殿"。"奉天承运"，是明朝皇帝诏书之开头语。明朝时，称大殿为"奉天殿"。

张勋复辟时，太和殿门匾再次改了回来。不过，原为满汉文并题之匾额，换成了只有汉文的"太和殿"三字。

紫禁城中，有一奇怪的现象：

乾清宫、坤宁宫、宁寿宫、神武门等是内廷宫殿、宫门，其匾额都是用满汉两种文字书写；太和殿、中和殿、保和殿、午门等是外朝宫殿、宫门，其匾额只用汉文书写，这是为什么？

明朝时，紫禁城所有宫殿、宫门上的匾额，都是用汉文书写的。

清朝时，满文成为国文，在全国通用。顺治皇帝入主紫禁城以后，将宫中所有宫殿、宫门上的匾额，都改成了满、蒙、汉三种文字并列书写。

孝庄皇太后和儿子顺治皇帝之间，产生了严重的矛盾。顺治皇帝坚决废除蒙古族皇后，挑选秀女，选择新皇后。顺治皇帝下令，去掉紫禁城宫殿中所有匾额中的蒙文，仅仅保留皇太后居住的慈宁宫一处匾额，为满、汉、蒙三种文字。

慈宁宫匾额，为满、汉、蒙三种文字；神武门匾额，为满、汉两种文字。

可是，故宫前朝所有宫殿匾额，均为汉文，包括太和殿、中和殿、保和殿、东华门、午门。为什么？

原来，这是袁世凯为了称帝，特别干的一件荒唐事。

1915 年 12 月 12 日，袁世凯正式接受帝位；13 日，百官朝拜；31 日，正式宣布：次年为洪宪元年。

皇宫之中，准备了洪宪皇帝的宝座、龙袍、玉玺等。三大殿建筑，被大规模改建：三大殿黄瓦改为红瓦，太和殿改为承运殿，中和殿改为体元殿，保和殿改为建极殿。大殿内柱子加赤金，饰以盘龙云彩等。

最后，袁世凯接受心腹王景泰的荒唐建议，竟然下了一道特别的"圣旨"，命令把前朝所有宫殿匾额上的满文去掉，改为汉文。

袁世凯为什么这样做？

袁世凯一心想称帝，千方百计地恢复帝制。可是，全国人民反对帝制，情绪高涨。怎么办？

袁世凯的心腹王景泰想出一个主意："老百姓不是要反清吗，咱们就做个样子看看。紫禁城所有宫殿、宫门上的匾额，都使用满汉两种文字并列书写。满文，就是代表清朝。咱们何不把满文去掉，只留下汉文，以表示咱们不是为了复辟清朝，咱也反对清朝。老百姓一看宫里连满文都去掉了，兴许就不反对您当皇帝了。"

袁世凯一听，说："好！"于是，他急忙写了一道"圣旨"，要求在十天之内，把紫禁城内所有宫殿、宫门匾额上的满文都去掉。可是，他转念一想，当时，内廷里还住着宣统皇帝和皇家眷属，他们在全国的势力还不小，如果把内廷宫殿、宫门匾额上的满文也去掉，恐怕会遭到他们的反对。于是，他将"圣旨"改了一下，写成："把外朝宫殿、宫门匾额上的满文都去掉。"

王景泰接了"圣旨"后，连忙带着一帮人，把外朝所有宫殿、宫门匾额上的满文都去掉了。

无"火笔"

在紫禁城的所有门匾中，繁体的"门"字最后一画笔势垂直向下，没有勾脚，从勾变成了竖。这种"门"字没有勾脚，称为无"火笔"。

故宫所有门匾无"火笔"，为什么故意写成这样呢？

在古代，每个字的笔画都可以区分其五行属性，"门"字的勾脚属于"火笔"，因古代建筑多为土木结构，易被火焚，人们担心带有"火笔"的"门"字会招火，所以将门匾中的"门"字的最后一画由勾笔改为竖笔。

关于"门"字，还有一个故事。相传，明太祖朱元璋在南京命中书詹希原写太学集贤门匾，所写"门"字末笔微微勾起，多疑的明太祖便大发雷霆说："我要招贤，你詹希原这厮要闭门，塞我贤路！"遂下令斩之。

▶ 乾清门

◀ 神武门

明清紫禁城宫殿的不同

明代紫禁城宫殿有何特色？

永乐十五年（1417 年），以南京紫禁城为模板的北京紫禁城正式动工。

永乐十八年（1420 年），北京皇宫和北京城建成。北京皇宫，以南京皇宫为蓝本，规模稍大。新修的北京城周长四十五里，呈规则的方形，符合《周礼·考工记》中理想的都城的形制。

明成祖下诏：正式迁都北京；改金陵应天府为南京，改北京顺天府为京师；南京，仍设六部等中央机构，称南京某部，以南京为留都。

紫禁城，作为明清两代皇家宫殿，位于北京中轴线的中心，是中国古代宫廷建筑之精华。

紫禁城，以三大殿为中心，占地面积 72 万平方米，建筑面积约 15 万平方米，有大小宫殿 980 座，房屋 8728 间，是世界上现存规模最大、保存最为完整的木质结构古建筑群。

它是一座长方形城池，南北长 961 米，东西宽 753 米，四面围有高 10 米的城墙；城外，有 16 米宽的城下御道，有宽 52 米的护城河。

紫禁城建成后，经历了明清两朝，五百余年：明，276 年；清，267 年。

明初三大殿：奉天殿，占满台基；谨身殿，面宽七间加副阶，谨身殿之北有云台门。北面的丹陛雕刻精美，必是重要之处。故云台门虽然朝北，也是重要场所。三大殿的终点是华盖殿，其南北穿廊长短相当。

永乐十八年（1420年），北京宫殿竣工。第二年春天，发生大火，前三殿被焚毁。经历永乐、洪熙、宣德、正统四代，整整20年，曾经壮丽如梦境一般、辉煌三个月的紫禁城正中央，一直是一片焦土，没有重修。

明宣宗朱瞻基创立了"仁宣之治"，在位十年，驾崩后，其子朱祁镇登基，时年9岁，为明英宗。

朱祁镇（1427—1464年），明英宗，明宣宗朱瞻基长子，明代宗朱祁钰异母兄，明宪宗朱见深之父。朱祁镇，是明朝第六任、第八任皇帝（1436—1449年、1457—1464年两次在位）。第一次继位称帝，年仅9岁，年号正统。国家大事全由太皇太后张氏把持，贤臣"三杨"主政。随之，张氏驾崩，"三杨"去位，朱祁镇开始宠信太监王振，导致宦官专权。

正统十四年（1449年），发生"土木堡之变"，明英宗被瓦剌俘获，其弟郕王朱祁钰登基称帝，遥尊英宗为太上皇，改元景泰。一年后，英宗回京，

明英宗朱祁镇像

被景泰帝软禁于南宫。景泰八年（1457年），石亨等人发动"夺门之变"，明英宗复位，第二次称帝，改元天顺。

朱祁镇，前后在位24年。在位初期，他励精图治，稳定西南疆域。当初，宠信太监王振；后来，宠信曹吉祥、石亨；政治上，有许多不足之处。但是，他晚年任用李贤，听信纳谏，仁俭爱民，美善很多。他最大的善政就是废除了殉葬制度。

明英宗非常崇拜他的曾祖父朱棣，想追随父祖的功业。

正统元年（1436年）秋天，朱祁镇降旨，命太监阮安，都督同知沈清，太子少保、工部尚书吴中等人，率领工匠、军人、民工，多达数万人，建造京城九座门楼。

正统五年（1440年），明英宗降旨，重建前三殿，以及乾清宫、坤宁宫。下诏之日，工程正式启动。大约一年半时间，工程完工。天顺三年（1459年），重新登基的朱祁镇依然重视宫殿建设，下诏营建西苑。

嘉靖三十六年（1557年），紫禁城大火，前三殿、奉天门、文楼、武楼、午门等重要宫殿建筑，全部焚毁。嘉靖四十年（1561年），全部重建，一年完工。

明宫三大殿，即奉天殿、华盖殿、谨身殿，分别改为：皇极殿、中极殿、建极殿。

万历二十五年（1597年），紫禁城大火，焚毁前三殿、后三宫。复建工程，直至30年后，天启七年（1627年），方才完工。

明朝时，乾清宫是皇帝的寝宫和政治活动场所。自永乐皇帝朱棣至崇祯皇帝朱由检，共有14位皇帝曾在此居住。

乾清宫，为黄琉璃瓦重檐庑殿顶；坐落在单层汉白玉石台基之上，连廊面阔9间，进深5间，建筑面积1400平方米；自台面至正脊高20余米，檐角置脊兽9个；檐下上层单翘双昂七踩斗栱，下层单翘单昂五踩斗栱，饰金龙和玺彩画，三交六菱花槅扇门窗。

殿内明间、东西次间相通，明间前檐减去金柱，梁架结构为减柱造形式，以扩大室内的空间；后檐两金柱间设屏，屏前设宝座；东西两梢间为暖阁，后檐设仙楼；两尽间为穿堂，可通交泰殿、坤宁宫。殿内，铺墁金砖；殿前

乾清宫内陈设

乾清宫宝座

宽敞的月台上，左右分别有铜龟、铜鹤、日晷、嘉量；前设镏金香炉四座，正中出丹陛，接高台甬路，与乾清门相连。

乾清宫宫殿高大，空间宽敞，皇帝在此居住时曾分隔成数室。

据记载，明代时，乾清宫北部，后檐之地有暖阁9间。

明太监刘若愚在《酌中志》中称："宫后，披檐，东曰思政轩，西曰养德斋，再北，则穿堂。"

乾清宫北部穿堂，连接交泰殿；乾清宫后墙，无走廊；北部暖阁为仙楼，分上下两层，共置龙床27张；后妃们奉旨才能进御。由于宫中室多床多，皇帝每晚就寝之处，鲜为人知，实为以防不测。

清代紫禁城宫殿有何不同？

崇祯十七年（清顺治元年、大顺永昌元年，1644年），李自成的农民军攻陷北京，明朝灭亡。但是，李自成很快被清军、吴三桂军在山海关击败。

李自成无奈，被迫退出北京，向陕西撤退之前，下令焚毁紫禁城。结果，仅武英殿、建极殿、英华殿、南薰殿、四周角楼和皇极门未焚，其余建筑全部被毁。

五月初二，清军进入北京，紫禁城被清军接管。同年十月，清世祖顺治皇帝迁都北京。十月初一，顺治皇帝在太和门向全国颁布登基诏书，清王朝正式定都北京。

定都北京后，历时14年，清朝统治者着手中路建筑三大殿为主的修复。

康熙二十二年（1683年），开始重建紫禁城其余被毁部分建筑，至康熙三十四年（1695年）基本完工。

中国现存古代木构宫殿，规模最大者为太庙前殿。

太庙平面呈长方形，南北长475米，东西宽294米，共有三重围墙，由前、中、后三大殿构成三层封闭式庭院。大殿耸立于整个太庙建筑群的中心，面阔11间，进深4间，建筑面积达2240平方米；重檐庑殿顶，三重汉白玉须弥座式台基，四周围石护栏；殿内的主要梁栋外包沉香木，别的建筑构件均为名贵的金丝楠木。

前殿，始建于明永乐十八年（1420 年）；嘉靖十五年（1536 年），因更改庙制而略作修改；嘉靖二十年（1541 年），遭雷击焚毁，嘉靖二十四年（1545 年），复建。

明末清初，遭受残损，但主体木构架保存得较为完好，仍为嘉靖原构，清顺治年间修复。

大殿重檐列脊，殿额是满汉文对照的"太庙"。面阔 11 间（长 68.2 米），进深 6 间（宽 30.2 米），坐落在三层（高 3.46 米）汉白玉须弥座上，殿高 32.46 米。殿内梁栋饰金，地设金砖，68 根大柱，以及主要梁桥为金丝楠木，是我国现存规模最大的金丝楠木宫殿。

殿外三重台基，用汉白玉石栏环绕；月台御道正面，依次刻有龙纹石、狮纹石和海兽石；殿内大梁为沉香木，其余用金丝楠木；地铺金砖；天花板以及四柱，均贴赤金叶。

殿内，原供奉木制金漆神座，帝座雕龙，后座雕凤；座前，陈放有供品、香案和铜炉等；两侧配殿，设有皇族和功臣的牌位。

太庙前殿殿身最大，其总面阔超出太和殿 6 米；太庙前殿殿柱柱高、柱径、斗栱用材，位于三座大殿之首。

从建筑面积来看，太和殿的规模为三座大殿之首。

太和殿是紫禁城内体量最大、等级最高的建筑物。它面阔 11 间，进深 5 间，长 64 米，宽 37 米，建筑面积 2377 平方米，高 26.92 米，连同台基通高 35.05 米，为紫禁城内规模最庞大，也是等级最高、体量最大的建筑。殿前有宽阔的平台，称为丹陛，俗称月台。

清朝入关之后，依照明朝旧例，顺治皇帝和康熙皇帝将乾清宫作为居住和理政之地。雍正皇帝即位之后，开始移居养心殿。

养心殿位于紫禁城内廷、乾清宫西侧，始建于明朝嘉靖年间。起初，它并不是皇帝的寝宫。清康熙时期，内务府在此设置专为皇室造办宫廷活计的诸多作坊，称为养心殿造办处。

康熙六十一年（1722 年），康熙皇帝驾崩后，登基的雍正皇帝并没有搬

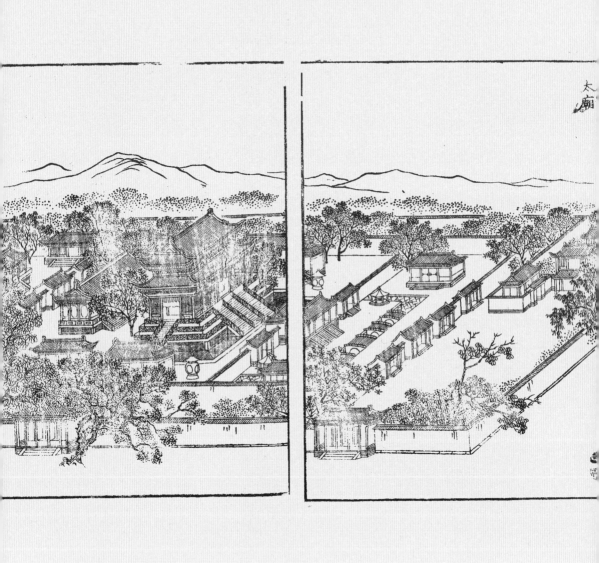

太庙

选自《唐土名胜图会》，冈田玉山等编绘，现收藏于日本早稻田大学图书馆。

⚫ 养心殿正殿

⚫ 养心殿垂帘听政处

到乃父的寝宫乾清宫去住，而是将西侧遵义门内暂时用作为父亲守孝"苦次"的养心殿辟为皇帝寝宫。从此以后，养心殿开始成为皇帝的居住、理政之所。王朝中枢机构之军机处设立后，其办公地点在养心殿南边。

乾隆皇帝即位后，对养心殿宫殿区进行了大规模扩建和改建，逐渐形成规制。

从雍正皇帝后，乾隆、嘉庆、道光、咸丰、同治、光绪、宣统八位皇帝，均在此居住。

咸丰皇帝在位时期，曾把长春宫与南面的启祥宫（太极殿）打通，连为一体。咸丰皇帝驾崩后，慈禧太后在这里居住，一人独享两宫。

晚清时期，慈禧太后开始改造部分宫殿。因此，西六宫中有四个宫留下了慈禧太后的足迹。咸丰皇帝驾崩后，慈安太后和慈禧太后早期垂帘听政时，曾居住在长春宫。同治十年（1871年），慈安太后从长春宫搬回钟粹宫居住，长春宫便成为慈禧太后一人独享的宫院。太极殿原只是二进院落，咸丰皇帝改修长春宫时，将太极殿后殿辟为穿堂殿，使太极殿与长春宫连接成相互贯通的四进院。

满洲八旗守卫京城

八旗制度，是清朝的一种社会组织形式。旗，满语，汉音固山。

八旗军事组织制度是由满族首领努尔哈赤所创制的。最初，努尔哈赤将自己军队编为四旗，每旗以不同颜色之旗帜作为识别。明朝万历二十九年（1601年），建立黄、白、红、蓝四旗，称为正黄、正白、正红、正蓝，旗皆纯色。万历四十三年（1615年），努尔哈赤在原有牛录制的基础上创建了八旗制度：原有四旗之外，增编镶黄、镶白、镶红、镶蓝四旗。

八旗各旗旗帜，除四整色旗外，黄、白、蓝均镶以红，红镶以白。其制规定：每300人为1牛录，设牛录额真1人；5牛录为1甲喇，设甲喇额真1人；5甲喇为1固山，设固山额真1人。据史籍记载，当时编有满洲牛录308个，蒙古牛录76个，汉军牛录16个，共400个。此时所编八旗，为满洲八旗。清太宗皇太极时，建立了蒙古八旗和汉军八旗，旗制与满洲八旗相同。八旗由皇帝、诸王、贝勒控制，旗制终清未改。

八旗各旗有护军营、前锋营、骁骑营、健锐营和步军营等常规队伍，司禁卫、云梯和布阵等职。另外，设立了相扑营、虎枪营、火器营和神机营等特殊营伍，演习摔跤、射箭、刺虎和操练枪炮等。

八旗兵，分为京营和驻防两类。京营，是守卫京师八旗军之总称，由郎卫和兵卫组成。侍卫皇室之人，称为郎卫，必须出身镶黄、正黄和正白"上三旗"之旗人，如紫禁城内午门、东西华门、神武门等，均由上三旗守卫。京师其他地方之守卫，称为京卫。八旗每一旗下，都包括满洲、蒙古、汉军三个部分。

八旗，分"上三旗"与"下五旗"。顺治七年（1650年）底，多尔衮死后，清世祖福临为了加强对八旗的控制，由皇帝亲领镶黄、正黄、正白三旗，称为"上三旗"；由诸王、贝勒统辖正红、镶红、正蓝、镶蓝、镶白五旗，称为"下五旗"。此制，终清未改。"上三旗"较"下五旗"为崇，是皇帝的亲兵，担任禁卫皇宫等任务，"下五旗"驻守京师及各地。镶黄、正白、镶白、正蓝四旗居左，称为左翼；正黄、正红、镶红、镶蓝四旗居右，称为右翼。

八旗制度，以旗统人，以旗统兵，凡隶于八旗者，皆可以为兵。入关前，满洲八旗共 309 个佐领；八旗满、蒙、汉佐领，共 583 个。康熙时，满洲八旗佐领达到 669 个，嘉庆时增加到 681 个。八旗官兵的额数，清末光绪、宣统时，实存职官约 6680 人，兵丁 12 万人。

清朝定都北京，绝大部分八旗兵丁屯驻北京附近，戍卫京师之八旗，按其方位驻守，称为"驻京八旗"，俗称"京旗"。另外，抽出一部分旗兵，派驻全国各重要城市和军事要地，称"驻防八旗"。驻京八旗，负责皇宫和京师之安全，实即禁军。清禁卫军制有二，即郎卫和兵卫。郎卫，指御前近卫，专门负责皇帝及后妃等之警卫，设置侍卫处、銮仪卫、善扑营等不同的机构。兵卫，指京师及宫禁之警卫，分设前锋、护军、步兵等不同的营制。

八旗在全国各地驻防，一般不设都统。在重要地区，如盛京、吉林、黑龙江、江宁、杭州、福州、广州、荆州、西安、成都、绥远等处设将军，下设副都统。将军，为该地区最高军事长官，但不理民政。后来，热河、察哈尔由副都统升为都统后，为该地区行政长官。八旗旗务，无论满洲、蒙古或汉军，均由固山额真管理。顺治十七年（1660 年），固山额真一律改称都统。各旗均设都统一人、副都统二人。雍正元年（1723 年），设八旗都统衙门，由上述各旗都统二十四人及副都统四十八人组成，掌满洲、蒙古、汉军八旗之政令。

正黄旗，"上三旗"之一。清末时，辖 92 个佐领，约 3 万兵力，是满洲八旗中人口最多者，总人口约 15 万人。名人：纳兰明珠、纳兰性德（康熙皇帝宠臣）；索尼（重臣）。镶黄旗，"上三旗"之一。清末时，辖 84 个佐领，约 2 万 6 千兵力。总人口约 13 万人。名人：孝和睿（嘉庆皇帝的皇后）、慈安太后等。正白旗，"上三旗"之一。清末时，辖 86 个佐领，约 2 万 6 千兵力。总人口约 13 万人。名人：郭布罗婉容、荣禄等。

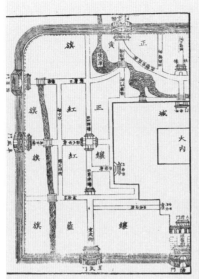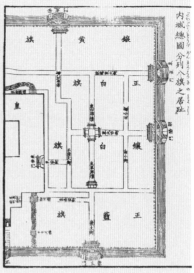

⚑ 内城总图分列八旗之居址

选自《唐土名胜图会》，冈田玉山等编绘，现收藏于日本早稻田大学图书馆。

《八旗通志》记载："世祖章皇帝定鼎燕京，分列八旗，拱卫皇居，镶黄居安定门内，正黄居德胜门内，并在北方；正白居东直门内，镶白居朝阳门内，并在东方；正红居西直门内，镶红居阜成门内，并在西方；正蓝居崇文门内，镶蓝居宣武门内，并在南方，一从祖制，以八旗分左右二翼，亦准前规。"由此可知八旗的分布位置。

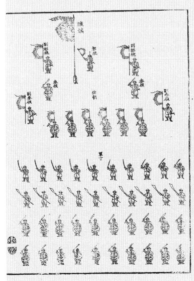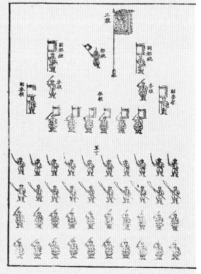

⚑ 正旗与镶旗的人员构成

选自《唐土名胜图会》，冈田玉山等编绘，现收藏于日本早稻田大学图书馆。

镶白旗，"下五旗"之一。清末时，辖84个佐领，约2万6千兵力。总人口约13万人。名人：曹雪芹、阿桂、善耆（肃亲王）。正红旗，"下五旗"之一。清末时，辖74个佐领，2万3千兵力。总人口约11万5千人。名人：和珅、老舍。镶红旗，"下五旗"之一。清末时，辖86个佐领，2万6千兵力。总人口约13万人。名人：珍妃（光绪皇帝宠妃）。正蓝旗，"下五旗"之一。清末时，辖83个佐领，2万6千兵力。总人口约13万人。名人：崇绮，1864年状元，户部尚书，同治皇帝之皇后阿鲁特氏之父。镶蓝旗，"下五旗"之一。清末时，辖87个佐领，2万7千兵力。总人口约13万5千人。名人：慈禧太后（咸丰帝皇贵妃）、肃顺。

清代八旗军，包括八旗满洲、蒙古、汉军，在行军、驻营时，所居位置是固定的，依"五行相克"说制订的。《八旗通志》记载："两黄旗位正北，取土胜水。两白旗位正东，取金胜木。两红旗位正西，取火胜金。两蓝旗位正南，取水胜火，水色本黑，而旗以指麾六师，或夜行黑色难辨，故以蓝代之。"

根据阴阳五行学说：东方属木，颜色为青，木能克土；南方属火，颜色为赤，火能生土克金；西方属金，颜色为白，金能生水克木；北方属水，颜色为黑，水能生木克火；中央属土，颜色为黄，土能生金克水。

八旗所处方位，与五行相克方位一致：

正黄旗，驻德胜门；镶黄旗，驻安定门；两黄旗属土，土能克水，驻于北方。

正白旗，驻东直门；镶白旗，驻朝阳门；两白旗属金，金能克木，驻于东方。

正红旗，驻西直门；镶红旗，驻阜成门；两红旗属火，火能克金，驻于西方。

正蓝旗，驻崇文门；镶蓝旗，驻宣武门；两蓝旗属水，水能克火，驻于南方。

"上三旗"护军守卫皇宫

紫禁城中，执行宫廷宿卫任务的皇家禁卫人员都是皇帝亲领的"上三旗"护军，职责包括：执掌宫禁门户和宫廷侍从、宿卫。执掌宫禁门户的护军，由禁卫军护军营将士负责；执掌宫廷侍从、宿卫者，由宫廷侍卫负责。

紫禁城内各重要门户，由禁卫军护军营将士专职守卫。

宫中一级重要门户，由禁卫军护军统领亲自带兵值守，包括三座宫门：乾清门广场东边门户景运门、御花园北门顺贞门、皇宫南门午门。

乾清门广场，是外朝和内廷的分界线。乾清门广场东门就是景运门，是宫中的禁卫中枢之地。因此，出于安全考虑，皇帝特别指定：由禁卫军前锋营统领和禁卫军护军营统领轮流值班，相互监督。

景运门，是宫禁重地，设护军统领或前锋营统领1人，统兵值守；统领之下，设司钥长一人，护军校3人，笔帖式（文书）2人，阅门籍护军1人，护军17人。

乾清门广场西边是隆宗门，位于景运门对称的位置，其值守将士名额和景运门相同。

顺贞门，是御花园北门，是通往皇宫北门神武门的重要门户，设护军统领1人，参领1人，护军校2人，护军18人。

午门正中门洞，由禁卫军护军参领1人带兵值守，设护军12人；午门左右门洞，各设护军校3人，护军各设12人。大臣上朝，从午门左门洞进入，阅门籍护军2人负责查阅腰牌，验明正身。

宫中二级重要门户，由护军参领值守，包括八座宫门：东华门、西华门、神武门、后左门、后右门、苍震门、启祥门、吉祥门。

苍震门，是后宫东六宫东侧的重要出入门户，涉及后妃的安全。

启祥门，是后宫西六宫西侧的重要出入门户，涉及后妃的安全。

吉祥门，是皇帝寝宫养心殿和西六宫之间的小门，也是可以直接进入太后宫区的重要门户。

东华门、西华门、神武门，由禁卫军护军参领带领值守，设护军校各四人，阅门籍护军各2人，护军各16人。

苍震门、启祥门，由禁卫军护军参领带班值守，设军校各3人，阅门籍护军各1人，护军8人。

吉祥门，由禁卫军护军参领带班值守，设护军校2人，护军8人。

紫禁城四门通向宫墙的磴道上，各设护军校2人、护军8人守卫。

根据宫中规定："上三旗"禁卫军护军营护军，每旗分设二班，共设六班。每班，每隔六天值班一次；各旗，轮流值班。例如，镶黄旗一班，丑日值一天；六天后，未日值一天。镶黄旗二班，寅日值一天；六天后，申日值一天。

每天傍晚，"上三旗"司钥长在景运门值宿，专门负责检查皇宫内各个重要门户的锁闭情况，带员依次检查后左门、后右门、中左门、中右门、左翼门、右翼门、太和门、昭德门、贞度门。每一座门，逐一验看是否上锁、是否贴上封条，等等。

紫禁城内各重要门户，设禁卫军护军守卫的，共有70余处。

每个重要门户的值班房内配备有弓箭、长枪等军用器械；皇宫四座大门都配备了火器鸟枪。

王公大臣奉旨出入皇宫景运门、隆宗门、西华门、东华门四座重要门户时，禁卫军值班护军皆按例高呼："伊里！"汉文意思是致敬。

为了确保皇帝和后妃们的安全，紫禁城内值宿的护军每夜定时巡逻传筹，宫内共设十三筹。

按照宫中规定：每天晚上定时传筹，计三个周回。

第一个周回：从乾清门广场东侧景运门开始发筹，负责巡逻传筹的护军过景运门向西，进乾清门广场，继续向西，过乾清门，穿过隆宗门向北，过吉祥门、顺贞门、苍震门，沿内廷北部绕行一圈，回到景运门，为一个周回。

其间，共设五筹。

第二个周回：从乾清门广场西边的隆宗门开始发筹，负责巡逻传筹的护军过隆宗门向东，进乾清门广场，继续向东，过乾清门，穿过景运门向南，过箭亭、松林，沿外朝太和门以内范围绕行一圈，回到隆宗门，为一个周回。其间，共设五筹。

第三个周回：从太和殿东侧中左门开始发筹，负责巡逻传筹的护军在太和门院内循环传递，绕行一圈，回到中左门，为一个周回。其间，共设三筹。

传筹护军的每个岗哨称为"汛"。传筹、交接有着严格的要求，不许懈怠。

第一个周回，共五筹，十二汛；第二个周回，共五筹，八汛；第三个周回，共三筹，四汛。

皇帝身边的侍卫亲军和御前亲随

侍卫亲军

侍卫亲军，负责护卫皇帝。负责护卫皇帝安全的御前侍卫机构，称为侍卫处。

侍卫处的最高长官，称为领侍卫内大臣，正一品，统辖侍卫处，主要职责是带领侍卫，保卫皇帝。领侍卫内大臣，平行设置6人，由皇帝亲自从"上三旗"中各选定2人充任，从满洲都统、内大臣，或者各省满族将军之中选择，授予领侍卫内大臣，负责统管侍卫处工作。

领侍卫内大臣之下，设内大臣6人，以及散秩大臣，无定员，都由皇帝亲自选定。内大臣，通常从散秩大臣、八旗都统、禁卫军前锋营统领，或者从护军营统领之中选拔；散秩大臣，则从年轻有为的宗室成员，或者中级武官之中选拔。

侍卫，是侍从护卫之意，是皇帝左右护卫的御前武官，"居在有侍卫之谨，出则有扈从之劳"。

明代时，御前侍卫称为锦衣卫，全称是锦衣亲军都指挥使司。在正式场合，他们身穿飞鱼服，手持绣春刀，腰系鸾春带；在平时场合，他们身穿红色便衣。锦衣卫，负责侍卫、缉捕、刑狱诸事。当皇帝朝会、巡幸时，有大汉将军1507人侍从扈行。

◀ 清代骑兵盔甲

现收藏于美国大都会博物馆。

清宫御前侍卫官，主要包括御前侍卫、乾清门侍卫、大内侍卫，等等。其中，御前侍卫、乾清门侍卫，称为内廷侍卫，地位最崇，待遇最高。

御前侍卫，从贵族、勋戚子弟之中选拔，或者选武进士充任，为正三品武官，通常是皇帝十分信任的亲信。

康熙时期，特设御前大臣、御前侍卫、乾清门侍卫，由皇帝亲自选定。御前侍卫、乾清门侍卫，由御前大臣管辖。

清宫侍卫处侍卫，负责护卫皇帝，确保皇帝安全，共计995人，共同组成皇帝直属的御前侍卫亲军。

侍卫亲军，分为四个等级：

一等侍卫，又称头等侍卫，正三品，60人；

二等侍卫，正四品，150人；

三等侍卫，正五品，270人；

蓝翎侍卫，正六品，90人。

御前侍卫中，宗室成员单独设置：宗室一等侍卫，9人；二等侍卫，18人；三等侍卫，66人。

侍卫亲军，每十人设一长官，称为什长。另外，皇帝选定的四等侍卫、汉军侍卫，无定员。

御前亲随

清代皇帝身边有御前亲随，侍从左右，护卫皇帝。他们是保卫皇帝、值宿御前的高级侍从武官，称为御前侍卫、御前行走、乾清门侍卫、乾清门行走，等等。御前侍从亲随，都是皇帝最为信任的随从，其最高侍从长官称为御前大臣，由皇帝亲自选定。

御前大臣，通常是从"上三旗"宗室王公之中选任，3—6人，位尊权重，负责护卫皇帝，传递章奏。

御前大臣，率领御前侍卫、御前行走、乾清门侍卫、乾清门行走，其职责为内廷侍值、稽查出入、带领引见和扈从皇帝。御前亲随是高级武官，武艺超群，他们是皇帝最亲信的高级武官，官居二品、三品，护卫在皇帝左右。许多满洲将相，都同时被授予御前亲随之职。

乾清门侍卫，侍立于皇帝所在的殿外檐下。乾清门侍卫，通常是从满洲一等优秀侍卫之中选拔。乾清门侍卫之中的贵戚子弟，或武艺过人的青年才俊，会被直接提拔为御前侍卫。

御前侍卫、乾清门侍卫以外的侍卫，统称为"大门上侍卫"，或"上三旗侍卫"。这些侍卫，分为一等侍卫、二等侍卫、三等侍卫、蓝翎侍卫、豹尾班侍卫和汉侍卫等。

汉侍卫只能在"大门上侍卫"中供职，由皇帝选定；如果材勇特别出众，其最高荣耀是提拔为乾清门侍卫。汉侍卫是康熙年间由康熙皇帝钦定增置的汉人侍卫，入选者都是武举之中的高才生。

康熙年间，外省官员向康熙皇帝推荐特殊人才——身材奇高、膂力过人的大汉入宫做皇帝侍卫。据档案记载，山东巡抚推荐了一位奇人郑克己，身高六尺八寸，人称"长人"。康熙皇帝非常好奇，特地在景山亲自召见，赏赐宫中美食。康熙皇帝很满意，吩咐让其留在宫中。

雍正元年（1723年），雍正皇帝亲试武进士，特别授予：状元李琰，一等侍卫；榜眼毕应、探花施景范，二等侍卫；授予二甲武进士刘问政等13人三等侍卫；从三甲武进士中选拔36人，授予蓝翎侍卫。

豹尾班侍卫是从侍卫亲军中的功臣后裔之中选拔的。豹尾，本指皇帝卤簿中最后殿尾的仪仗。豹尾班侍卫，每日20人，负责在保和殿后东侧的后左门值班。皇帝上朝，御驾从这里出入，豹尾班侍卫相随，10人手执豹尾枪，10人身佩仪刀，侍立于乾清门阶下左右。

按照宫中规定，皇帝在宫中行动时，御驾前方有前引大臣10人，由内大臣、散秩大臣、御前侍卫组成；御驾后方，有后扈大臣2人，由御前大臣充任。

举行大朝会时，皇帝前往太和殿，由2名前引御前侍卫前导，前引大臣10人引路，从乾清门后左门出发，导引御驾，至太和殿后。御驾后面，是后扈大臣2人。到达太和殿前，前引大臣10人，侍立于殿阶之下。御驾到达时，前引大臣分成两翼引导皇帝进殿，从两旁趋步到宝座前。皇帝登上宝座后，前引大臣移向北侧，东西相对而立；后扈大臣，依次就位；豹尾班侍卫，侍立于皇帝宝座后面，左右排开，向南而立。

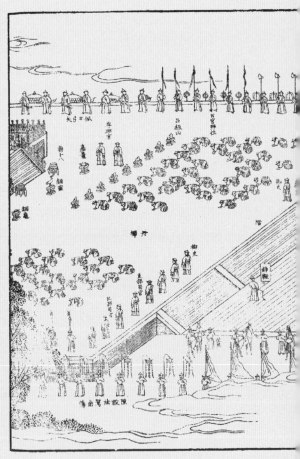

🔸 午门朝参

选自《唐土名胜图会》，冈田玉山等编绘，现收藏于日本早稻田大学图书馆。

每到岁首，皇帝便会举行"大朝会"。朝会，始于西周，是礼仪规格最高的朝会，一直沿袭至清朝。"百官公服朝参，而不引见奏事"。朝会制度颇受皇帝的重视，图中左下位置可看到文章中所说的身佩仪刀的"豹尾班侍卫"。

顶级的皇家神木厂

紫禁城建筑所需木料，从四川、湖广、贵州、云南等地的深山老林中采伐。

明永乐年间，工部尚书宋礼上疏皇帝，报告四川神木出山的情景：一天，山洪暴发。神木顺流而下，遇到巨石，神木发出雷鸣般的巨响，巨石应声开裂，神木完好无损。

据《明太宗文皇帝实录》记载，在四川白水江采办木材时，工人没有动手，就有若干大木倒下，纷纷滚入河中，漂流入江，等待被运往北京。

永乐皇帝朱棣闻之大喜，感于神木之神，特地降旨，封那座山为神木山，并指示在江边立碑建祠。

中国古代建筑中，木件分为两大类：房屋整体的承重部分，称"大木"；其余部分，包括门窗、门扇等非梁架构，称为"装修"。

营建紫禁城时，工匠们为柱子做地仗：用灰浆、麻纤维，以及桐油，将外露的木构件层层包裹起来。这么做，一是防腐，二是美观。

楠木，生长缓慢，质地细密，木理笔直，易于加工，且不易开裂，不易变形，经久耐腐，是上佳之材。修建宫殿的木材采伐持续了13年时间。

金丝楠木，生长在原始森林，崇山峻岭之中，时有豺狼虎豹、毒蛇巨蟒出没。官员、百姓入山采木，十分危险，许多人因此丧生。当时人们形容：入山一千，出山五百。

楠木采伐之后，工匠砍伐木料，搭设轨道，形成木槽；建筑木料顺着木槽滑到山脚，进入高山小溪；顺着溪流，进入小河；然后，用铁钉、铁丝将"皇木"捆扎成木筏，顺着河流，漂入长江；漂到江苏扬州，经京杭大运河，北上运达京城。

木料进入京杭大运河后，全部逆流而上，需要大量纤夫拉纤。"皇木"上岸之后，及时运送京城：严冬时节，工匠们在通往京城的道路上，凿出一道道水沟，泼水成冰，铺成冰道；盛夏时节，用滚木铺成木轮道来运送木料。

据档案记载，明朝永乐年间，修建紫禁城所用的木料，主要是产于中国西南山区的楠木。由于连年采伐，木材越来越少。嘉靖时期，重建紫禁城，只得缩小木头直径，有的被迫采用"中心一根，外辕八瓣，共成一柱；明梁或三辕、四辕为一根"的包镶做法，并"以杉木代楠木"，作为"金柱"。

建筑神木，运往京城，存放于皇家神木厂。神木厂，又称皇木厂，用于存放皇家木材。京东通州之地，有两个皇木厂：一个位于张家湾；另一个位于北关立交桥南。

《通州文物志》记载：

> 明永乐年间，建筑北京紫禁城，自云贵、巴蜀、湖广、浙赣等地南方所采办的珍贵木材，经大运河，运到张家湾，在此地上岸，存放在皇木厂；然后，经过陆路，运送至各大建筑工地。当时，巨大皇木，捆扎成木排，通过水路，逆水北运，到达张家湾。水路运输，较为缓慢，有些河段一天只能行九公里。皇木从产地运到通州，大约要三年的时间；运输时，集中一起，有时木排长达三公里，非常壮观。皇木主要用于紫禁城宫殿，皇家坛庙、园林、陵寝，以及王府、衙署、试院、学府、城门、牌楼等。

《北京地名典》记载：

> 皇木厂，因存储建设紫禁城所用皇家木材而得名。皇木厂，南北约 120 米，东西约 100 米。目前，皇木厂仅剩古槐。皇木厂村，位于通州张家湾镇西北侧。张家湾，坐落在京杭大运河最北端，是南北水路的必经之地。大路北侧有一棵巨大的槐树，其东南角就是明代皇木厂所在地。厂房没有任何痕迹，只剩下这棵古槐。据

称，这棵古槐树郁郁葱葱，距今有600余年，高大挺拔，最大直径
1.6米，树冠遮天蔽日。

当时，皇木厂统一由负责工程建筑的工部派遣专员管理；官员级别大于
县令，六七品，称为某某皇木厂大使，负责管理相关木材物资的验收、存放、
保管及发放。皇木厂木材包括：金丝楠木、紫檀、红木、铁花梨、硬合欢树等
名贵木材。

据有建筑经验的老木匠估算，建筑紫禁城时，后三宫之一的乾清宫宫殿
用木量，大约为5000立方米。紫禁城宫殿建设，备料长达十年，所需木材，
经年累月，通过大运河源源不断地运到北京张家湾。所以，人们称紫禁城是
"漂来的紫禁城"。

《春明梦余录》记载："京师神木厂，所积大木，皆永乐时物。其中，最
巨者曰'樟扁头'，围二丈外，卧四丈余，骑而过其下，高可隐身。"如此巨
大木材，堪称是世界罕见之物，难怪被称为神木。

有诗人写诗，吟咏神木厂：

　　　　大木千围百丈高，东方作镇记前朝。

　　　　瑰奇犹忆岩阿里，老干亭亭耸碧霄。

清朝楠木奏折箱

清朝御用之物多为楠木制作。

第二章　皇室生活

朱棣视儒雅徐皇后为知己

仁孝文皇后徐氏（1362—1407年），明成祖朱棣原配妻子，明朝开国功臣徐达之长女。

有"女诸生"美名的徐皇后，不仅是女中儒生，还是一位有政治见地、可以带兵守城的巾帼英雄。她和朱棣，是一对志趣相投、精神契合的知己伉俪。他们近三十年的美满婚姻生活，朝夕相伴，夫唱妇随。九年间，他们一起生育了七个子女。后来，徐皇后不能生育，朱棣才有了两个生母不详的庶子女。

洪武九年（1376年），徐氏被册封为燕王妃。建文四年（1402年），被正式册立为皇后。永乐五年（1407年）七月，崩于南京，年仅46岁。永乐十一年（1413年）二月，葬于长陵。永乐二十二年（1424年）九月，明仁宗上尊仁孝皇后谥号。

据史书记载，徐氏天资聪颖，幼年之时便表现卓越，贞洁娴静，特别喜欢读书，人称"女诸生"。《明史》记载："幼贞静，好读书，称女诸生。"

朱元璋听说徐氏贤惠雅淑，喜爱读书，特地宣召徐达进宫，认真地说："朕与你，是布衣之交。自古以来，君臣相互投合，一般都成了姻亲。你有这么好的女儿，朕想将儿子朱棣与她相配。"徐达闻言，马上叩头拜谢。

洪武九年（1376年），徐氏被册封为燕王妃。徐氏为人和善，待人处事体贴谨慎，深受明太祖和马皇后的喜爱。徐氏奉旨，跟随燕王朱棣前往藩地。孝慈高皇后马氏去世，她守丧三年，按照礼制规定，素食淡饭。高皇后遗言中可以诵读的部分，徐氏牢记在心，都能一一列举不遗。

"靖难"起兵期间，朱棣率领大军前去袭击大宁。建文皇帝派遣主帅李景隆北上，乘机进围北平。当时，朱高炽以世子身份，留守北平，凡是京城部署防御之事，大多受命于徐氏。

李景隆亲率大军，猛烈攻城。当时，北平城之中，兵力缺乏，形势严峻。徐氏亲临一线，激励将校、士兵、百姓的妻子，发给她们铠甲，让她们一起登城拒守，顽强坚守，北平城才得以保全平安。

建文四年（1402年）七月，朱棣登基称帝。十一月，封王妃徐氏为皇后。徐皇后对朱棣说："每年，南北征战不止，兵民都已疲惫不堪。现在，应当让他们休养生息。""当今，贤才都是高皇帝所留，陛下不应当以新疏旧。""尧帝施行仁治，是从自己的亲人开始的。"朱棣很高兴，全部采纳了皇后的进言，特别给予嘉奖。

当年，徐皇后亲弟徐增寿，经常将朝廷的重要情报秘密地送到燕地，被建文皇帝朱允炆所杀。现在，天下安定，皇帝朱棣想追赠他爵位。徐皇后闻讯，极力表示不能这样做。朱棣不听，降旨追封徐增寿为武阳侯，后进封定国公，命其子徐景昌继承爵位。事后，朱棣才告诉徐皇后。徐皇后说："这并非妾的意愿啊。"

徐皇后曾说，汉、赵二王，品性不良，应当选择廷臣，兼任其官属僚臣。

有一天，徐皇后问皇帝："陛下与什么人一起治理国家？"

朱棣回答："六卿，管理政务。翰林的职责，是研究问题，草拟文告。"

徐皇后沉吟片刻，请求召见所有这些人的

▲ 明　佚名　明成祖仁孝文皇后像

选自《明帝后半身像》册，现收藏于中国台北故宫博物院。

▲ 清　上官周　中山王徐达

选自《晚笑堂竹庄画传》，现收藏于美国哈佛大学哈佛燕京图书馆。

夫人。徐皇后召见众夫人，赏赐给她们冠服、钞币，对她们说："妻子侍奉丈夫，哪里只是为他准备饭菜、衣服而已，应该还有别的帮助。朋友的话，可以依从，也可以违背。而夫妇之间的话，则委婉顺耳，容易听进去。我朝夕侍奉皇上，唯以百姓生计为念。你们也要鼓励你们的丈夫。"

徐皇后博览群书，特地摘录《女宪》《女诫》，真心诚意地写成《内训》二十篇；又按类编辑古人的嘉言善行，写成《劝善书》，颁行天下。

永乐五年（1407 年）七月，徐皇后病重。治病期间，她仍然不忘劝告皇帝朱棣，要爱惜百姓，广求贤才；对待宗室，要以恩礼相待，不要骄养外戚。

徐皇后临终之前，特地召来皇太子朱高炽，告诫说："以往，北平将校之妻，为我负戈守城，我很遗憾，没有机会随皇帝北巡，去对她们一一加以慰劳了。"

七月初四，徐皇后去世，年仅 46 岁。

皇帝朱棣十分悲痛，特地于灵谷寺、天禧寺为皇后举行祈祷大斋；群臣、近侍、宫女爱戴皇后，恭敬祭祀，朱棣吩咐光禄寺准备祭奠物品。十月十四日，朱棣赐封谥号，为仁孝文皇后。

徐皇后去世以后，皇帝朱棣不再册立皇后。

永乐七年（1409 年），朱棣北巡，回到了龙兴之地北平，着手迁都北平事宜。朱棣命礼部尚书赵羾和江西术士廖钧卿等人，前往北京，卜选陵址。随后，选得万年吉地，即今北京昌平区天寿山。朱棣察看后认可，当即降旨，圈地 80 里，作为皇陵禁区。

永乐十一年（1413 年）二月，北京长陵地下玄宫落成。朱棣吩咐将仁孝文皇后梓宫，从南京迁至北京，葬于长陵。

从永乐五年徐皇后去世，至永乐十一年下葬，这七年期间，徐氏棺椁一直放置在南京皇宫内，没有下葬。徐皇后是入葬明十三陵的第一人。

永乐二十二年（1424 年）七月十八日，朱棣在亲征漠北途中病逝，壮志未酬，享年 65 岁。十二月，朱棣、徐皇后合葬长陵。

永乐二十二年（1424 年）九月，仁宗上尊仁孝皇后谥号曰："仁孝慈懿诚明庄献配天齐圣文皇后"。

肥胖的嫡长子朱高炽

中国历史上，庙号称为"仁宗"的皇帝有6位：宋仁宗、夏仁宗、辽仁宗、元仁宗、明仁宗、清仁宗。

庙号，就是皇帝驾崩以后，根据他生前的事迹，用一个字概括其一生功过的称号，进入宗庙，立庙祭祀。中国古代谥法规定："蓄义丰功曰仁，慈民爱物曰仁，克己复礼曰仁，贵贤亲亲曰仁。"所谓"仁宗"，宽厚仁慈为仁、贵贤仁义之君也。

朱元璋在世时，很喜爱两个孙子：一个是嫡长孙朱允炆，一个是燕王世子朱高炽。朱元璋很赏识朱高炽，称赞他有仁爱之心。

洪武三十一年（1398年），朱元璋去世。之前，太子朱标英年早逝，朱元璋已册立朱标长子朱允炆为皇太孙，朱元璋去世后，朱允炆登基，是为建文皇帝。

朱元璋去世，燕王朱棣十分悲痛，想到南京奔丧。建文皇帝朱允炆拒绝了燕王的请求，不许燕王离开封地北平。燕王悲痛之余，便派遣自己和嫡妻徐氏所生的三个儿子：长子朱高炽、次子朱高煦、三子朱高燧前往南京奔丧，同时对新皇帝示以忠君和诚恳。

建文皇帝身边十分信任的宠臣就是齐泰、黄子澄、方孝孺等人。他们建议建文皇帝剥夺藩王的权力，收回全部兵权。藩王之中，实力最强者就是燕王朱棣和宁王朱权，以燕王为最，因此朱允炆对这位四叔最为忌惮。

燕王的三个儿子齐到南京，齐泰、黄子澄大喜过望，坚决要求建文皇帝扣押燕王的三个儿子。燕王的二子三子，没个正经，朱元璋不喜欢，新皇帝朱允炆也不喜欢。可是，燕王长子，朱元璋喜欢，新皇帝朱允炆也很喜欢，

⚫ 佚名　明仁宗坐像

而且，两人还是知己好友。齐泰、黄子澄建议扣押燕王三子，朱允炆没有同意。因此，燕王的三个儿子顺利地回到了北平。

朱棣发动"靖难之役"，带着自己能征善战的二子朱高煦、三子朱高燧跟随自己征战，燕王世子朱高炽留守北平。

朱棣是军事天才，起兵之时，最想得到的是十七弟宁王朱权麾下的铁骑"朵颜三卫"。他多次拉拢朱权，朱权不为所动。朱棣起兵之后，第一个重大行动就是带着二子三子，亲率全部主力军，直扑宁王朱权的封地大宁（今内蒙古宁城县）。朱棣恩威并施，连哄带骗，拿下了朱权，获得了实力强劲的"朵颜三卫"骑兵，一下子实力大增。

朱棣倾巢而出，亲率全部主力军前往大宁时，朱允炆立即派遣所谓的"大明战神"李景隆率领50万大军，日夜兼程，围攻北平。北平城，基本上是一座空城，只有一万余残兵和老弱病残的百姓。50万大军对1万残兵，几乎没有悬念，应该是一触即溃。可是，燕王世子朱高炽面对危局，创造了惊人的奇迹，充分地展现了自己出众的军事才能，让北平城转危为安，安然无恙。

李景隆亲率50万大军围攻北平，然以失败告终。大臣方孝孺献计：用离间计，让燕王朱棣收拾世子朱高炽。

朱允炆大喜，立即御书亲笔信，劝说朱高炽投降，只要投降，就立刻加封其为燕王，取代其老父朱棣。

燕王世子朱高炽十分聪明，一眼就识破了朱允炆的离间计，他将劝降诏书原封不动，连同皇帝使臣一起送给了父亲朱棣。

《明史》记载："朝廷赐世子书，为离间。世子不启缄，驰上之。"

燕王府宦官黄俨，精明强干，第一时间就知道了皇帝朱允炆送亲笔信给世子朱高炽，立即密告朱棣。朱棣二子三子乘机向朱棣告状，说当年在南京时，朱允炆和朱高炽就关系密切，因此没有扣押三兄弟，等等。

朱棣疑虑重重，命令自己的心腹大臣秘密前往北平，相机行事，除掉朱高炽。

幸亏朱高炽明智，将朱允炆的密旨和使臣原封不动地送给父亲朱棣，一

▼《太平乐事》册

明　戴进　现收藏于中国台北故宫博物院。

《太平乐事》册通过描绘婴戏、骑牛、捕鱼、娱乐、戏耍、试射、耕罢、观戏、木马、牧归等百姓生活生产场景，来宣扬天下太平、盛世安乐，具有非常强的政治属性。

▲ 婴戏

⚠ 骑牛

⚠ 捕鱼

⚠ 娱乐

⚠ 戏耍

⚠ 试射

⚠ 耕罢

⚠ 观戏

⚠ 木马

牧归

下子打消了朱棣的疑虑。《明史》记载："成祖（朱棣）发书视之，乃叹曰：几杀吾子！"

永乐二年（1404年），朱棣立朱高炽为皇太子。

永乐八年（1410年）至永乐二十二年（1424年），朱棣五次亲率大军，北征蒙古，世子朱高炽都是以太子身份监国，他仁政爱民，朝无废事，在朝堂内外获得了极高的声望。

永乐二十二年（1424年）九月，朱高炽登基，至洪熙元年（1425年）五月，在位10个月，年号洪熙。

朱高炽生性内向，为人端重，沉静寡言；言行沉稳，宽厚仁爱；喜爱读书，爱惜人才。但是，不知什么原因，成年以后，他身形肥胖，导致身体较弱。他以皇太子身份监国二十年，政绩卓著。他虽然在位仅仅10个月，但以宽厚仁爱为怀，史称明仁宗。

其弟朱高煦、朱高燧能征善战，一直受宠于朱棣，他们串通内廷宦官，阴谋夺嫡。朱棣不满于朱高炽，有更换太子的想法。后来，因首辅大臣解缙进言、侍郎胡濙密疏，朱棣才放弃了更换太子之意。

朱高炽正式登基后，政务开明，发展经济，鼓励生产，与民休息；宽施厚政，降旨赦免了建文帝许多旧臣，平反昭雪了许多冤狱，废除了许多苛政；军事方面，修整武备，停止对外用兵。

朱高炽实施了一系列开明政策，天下恢复平安，百姓得以休息，经济获得发展，为"仁宣之治"打下了坚实的基础。

洪熙元年（1425年）五月，朱高炽病重，不久去世，终年47岁，庙号仁宗，谥号"敬天体道纯诚至德弘文钦武章圣达孝昭皇帝"。随后，葬于十三陵之献陵。嫡长子朱瞻基奉遗旨登基，是为明宣宗。

明宣宗是一个"超级顽童"

明宣宗好玩，痴迷玩赏古物、宝器，是中国历史上一位悠闲自在且少见的"超级顽童"。

宣德时期，宫廷最著名的器物就是宣德炉。

《格致镜原》记载："宣德铜器，以炉鼎为首。入赏鉴者，如'鱼耳炉''鳅耳炉''乳炉''百摺彝炉''戟耳炉''天鸡彝炉''方圆鼎''石榴足炉''橘囊炉''香炉''高足押经炉'。以上诸款，皆上品赏鉴也。"《明宫杂咏》卷二称宣宗是"帝王能品器物，靡不精好"。

陆容的《菽园杂记》记载："自宣德年间，朝廷起取花木鸟兽及诸玩好物，内官司道接踵，扰甚。至王振，悉禁绝之。未尝轻差一人，民赖休息。"

据史书记载：一天，宣宗到史馆视察。群臣簇拥之时，突然，他从袖子里抓起一把金豆、银豆，抛向空中，撒到地上。众大臣喜出望外，上前争抢，现场乱作一团。宣宗见状，大笑不止。宣宗大笑时，忽然发现旁边一臣傲然独立，冷眼相向。宣宗的笑声不禁戛然而止，扭头一看，原来是侍讲学士李时勉。宣宗吩咐，将剩下的金豆全部赐给他。

大臣夏原吉，一生清廉。宣德皇帝不信，想搞恶作剧。

宣德三年（1428年）三月，明宣宗下令大臣赐游万岁山。宦官传旨，令大臣夏原吉在苑中随意挑选精巧天然巨石运回家去，圣旨特地叮嘱，要多少都行。

夏原吉奉旨后十分为难：皇上的圣旨，必须遵守；自己清廉，不能破例。于是，他在皇家御苑选取了两块小石头，让仆人带走。

⚫《明宣宗行乐图卷》

明　商喜　现收藏于北京故宫博物院。
此画卷表现的是明宣宗朱瞻基在御苑中观赏体育活动的场景，包括射箭、蹴鞠、马球、捶丸、投壶等，展现了
"仁宣之治"的太平盛世下，皇室安逸且奢华的生活。

宦官奉旨，执意让他多挑美石。

夏原吉说："我对这些东西不太喜欢。但是，君恩难辞，只得略带一二。"

宣宗听宦官叙述后，由衷地赞叹夏原吉，真正是清廉本色。

▶ 大明宣德年制香炉

明代皇帝的辈分和生命怪圈

明代开国皇帝朱元璋亲自出马，确定了皇室子孙的辈分，排行按"木火土金水"的顺序进行。

朱元璋有 26 个儿子，每个儿子的名字都是木字旁。他给 26 个儿子定了辈分表，每表 20 个字，从孙子开始，依次起名。

朱元璋考虑再三，特别规定了取名三原则：

从孙子辈开始，每一辈，第一个名字，使用辈分表中的字；第二个名字，必须带一个五行偏旁或组成部分；以"火土金水木"为顺序，依次循环。

明太祖朱元璋明确规定了子孙万代取名的三原则，大明朱氏皇家子孙必须遵照执行。明成祖朱棣儿子朱高炽，高字辈，火旁；孙子朱瞻基，瞻字辈，土旁；等等。

遗憾的是，朱元璋是智者千虑，必有一失，他只想到了五行相生：金生水，水生木，木生火，火生土，土生金。但是，朱元璋没有想到，五行相生之外，还有五行相克：金克木、木克土、土克水、水克火、火克金。

正是这种奇特的五行生克，大明皇室陷入了一个生命怪圈：有明一代，一直是父子相生，祖孙相克！例如，朱棣和他儿子朱高炽，按照木生火，对应五行相生；他和孙子朱瞻基是木克土，对应五行相克。

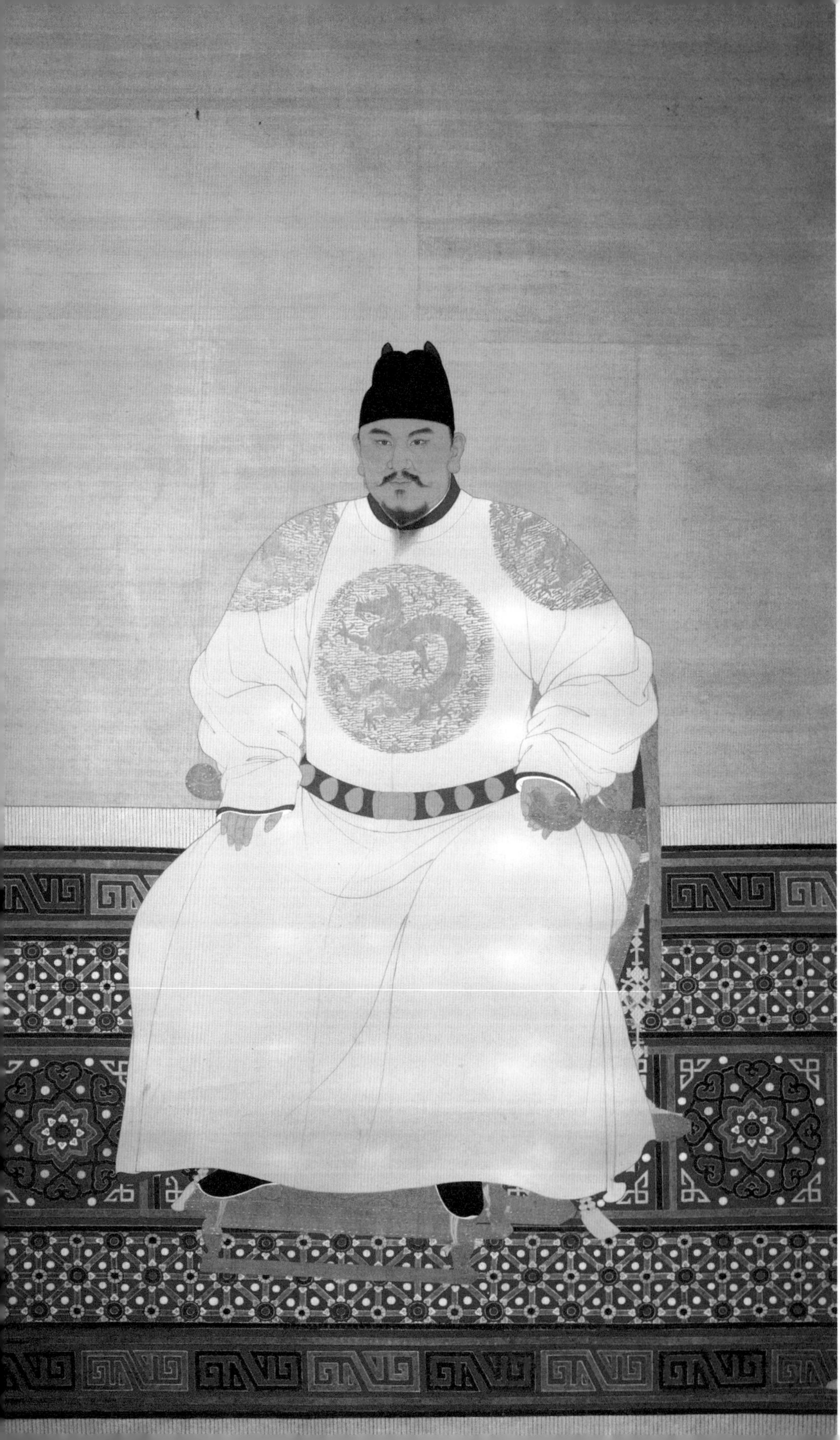

清　佚名　明太祖朱元璋像

紫禁城最"幸福"的女人

　　明孝宗朱祐樘（1487—1505 年在位）是中国历史上唯一一个用实际行动贯彻"一夫一妻"制的皇帝。他一生只娶了一个张皇后，不纳宫女，也不封贵妃、美人，每天只与皇后同起同居，过着与平常百姓一样的夫妻生活，不经意间创造了古往今来一个特殊的纪录，也成为历代皇陵中只葬着夫妻二人的绝无仅有的典型。

　　不过，因为爱折腾的儿子明武宗去世后没有子嗣，张皇后晚景凄凉。

　　张皇后（1471—1541 年），北直隶河间府兴济县（今河北沧县）人，父为张峦，母为金氏，明孝宗朱祐樘的皇后。

　　成化二十三年（1487 年），张氏因姿色出众，知书达礼，性格开朗，琴棋书画无所不通，经过层层选拔，最后被册立为太子妃。同年九月，太子朱祐樘践祚，为明孝宗。十月，立张氏为皇后。

　　明孝宗是一位忠厚的皇帝，是中国历史上一生只爱一个皇后的皇帝。

　　张皇后贤慧，先后生下二子一女：二子为朱厚照、朱厚炜；一女为太康公主。

　　明孝宗和张皇后的次子幼年夭折，长子就是荒唐透顶的武宗朱厚照。明孝宗先天不足，身体积弱，晚年之时，曾想革除积弊，倡导新政，可惜，天不假年，英年早逝。明孝宗临终前感叹："再给我几年，太子就能成熟了！"

　　明朝时，皇帝住乾清宫，皇后住坤宁宫。按照明宫规定，皇帝皇后不能通宵同宿。皇帝每次召幸皇后，完事之后，由宦官前后夹护，手执火把，送皇后回宫。只有明孝宗朱祐樘宠爱张皇后，两人恩爱，如民间夫妻，一同起卧。

明武宗真像

帝名厚照孝宗子在位十六年號正德

明孝宗朱祐樘坐像

明世宗真像

帝名厚熜憲宗孫在位四十五年號嘉靖

◀ 明世宗朱厚熜像

097

《宙载》记载："旧制，帝与后，无通宵宿者。预幸，方召之。幸后，中人前后执火炬，拥后以回，云避寒气。惟孝庙最宠爱敬皇后，遂淹宿，若民间夫妇。"

皇帝宠爱皇后，于皇宫之外，甚至邻近藩国，尽人皆知。

朝鲜使臣特别报告其朝鲜国主，称皇帝朱祐樘因为"昵爱皇后"，所以每天视朝，早晚不定。

《胜朝彤史拾遗记》记载："孝宗即位，立为后。笃爱宫中，同起居，无所别宠，有如民间伉俪然者。"

有一天，张皇后偶然生口疮。皇帝朱祐樘忧心忡忡，亲自为她端水吃药，小心翼翼，不敢咳嗽，生怕惊扰她休息。

明陆楫《蒹葭堂杂著摘抄》记载："张后尝患口疮，太医院进药，宫人无

◀ 明孝宗孝康敬张皇后像

敢传者。院使刘文泰，方受孝宗宠顾，忽得密旨，选一女医入视。帝亲率登御榻传药，又亲持漱水与后。宫人扶后起坐，瞪目视帝。少顷，帝趋下榻。盖将咳，恐惊后也。其厚伦笃爱若此。"

有位贡生名叫魏庄渠，本是阁臣内定的状元。可是，在殿试之时，他竟然写："听说，陛下每天在皇后宫中多，在自己宫里少。"结果，其状元郎的名号没了，还被贬到二甲第九名。

《说听》记载："魏庄渠与顾未斋，同举进士。廷试日，阁臣初拟定魏公第一，因其策中有云：'闻陛下一日之间，在坤宁宫之时多，在乾清宫之时少。'不可宣读，抑置二甲第九，而未斋遂得首擢。"

弘治十八年（1505年），明孝宗驾崩，明孝宗、张皇后之子太子朱厚照践祚，是为明武宗，尊张皇后为皇太后。正德五年（1510年），张皇后上徽号为"慈寿皇太后"。正德十六年（1521年），明武宗驾崩，因武宗无子，张太后与大学士杨廷和迎立明孝宗侄孙、武宗堂弟、就藩湖广之兴王（今湖北钟祥）朱厚熜践祚，为明世宗，年号嘉靖。

正德十六年（1521年）三月，明世宗入继大统，称张太后为圣母，上尊号为"昭圣慈寿皇太后"；尊生母蒋氏为"兴国太后"，尊亲祖母邵氏为"寿安皇太后"。

后来，张太后与明世宗生母蒋太后不和，引起明世宗对张太后的不满。他尊封自己的生母、祖母，对张太后并不十分礼遇。有臣子上奏，告发张太后家人违法，皇帝降罪张太后。随后，将张太后的称呼由圣母改为伯母。

有一次，张太后弟弟犯罪，明世宗降旨严惩。张太后苦苦跪求，皇帝不许。从此以后，张太后一病不起。张太后身边无子，晚景凄凉。嘉靖二十年（1541年）八月，崩逝，谥号为"孝康靖肃庄慈哲懿翊天赞圣敬皇后"。

张太后刚刚逝世，明世宗就将她弟弟处死了。

隆庆皇帝好色纵欲却誉满天下

明穆宗朱载垕，在位六年（1567—1572 年在位），由于纵欲过度，加上长期服食春药，身体每况愈下，难以支撑。

史料记载：隆庆六年（1572 年）闰三月，朱载垕与妃子淫乐过度，一病不起，休养了两个月。刚刚上殿听政，他就感觉头昏眼花，双手打战，不得已接着卧床。

隆庆六年（1572 年）五月二十二日，明穆宗病危。三天后，内阁大学士高拱、张居正、高仪，被紧急召入宫中。

内阁首辅高拱等人进入乾清宫东偏室的皇帝寝宫。

明穆宗一脸倦容，坐在御榻上。御榻旁边帘后，坐着皇后陈氏、皇贵妃李氏，10 岁的太子朱翊钧立在御榻右边。

明穆宗朱载垕抓住首辅高拱的手，临危托孤道："以全国使先生劳累！"

御榻旁边，司礼监太监冯保侍立，宣读皇帝给太子朱翊钧的遗诏：

"遗诏与皇太子。朕不豫，皇帝你做。一应礼仪，自有该部题请而行。你要依三辅臣并司礼监辅导，进学修德，用贤使能，无事荒怠，保守帝业。"

三位大学士跪伏受托之后，掩泪而出。

第二天，五月二十六日，朱载垕病逝于乾清宫，终年 36 岁。谥号"契天隆道渊懿宽仁显文光武纯德弘孝庄皇帝"，庙号穆宗，葬于北京昌平昭陵。

明穆宗纵欲驾崩，引起了朝野震动。

内阁大臣张居正闻讯，不禁放声大哭，说天下失一明主！王公大臣、其他文武百官闻讯，无不顿足捶胸，哭喊痛失好皇帝。京城百姓闻讯，家家户户悲痛欲绝，怀念自己的好皇帝。周边部落、国家闻讯，无不扼腕长叹，怀念大明皇帝。

明穆宗纵欲好色，为什么誉满天下？答案是他的下列政绩。

1. 主政期间，选贤与能：政事委任徐阶、高拱、张居正、陈以勤等阁臣，兴利除弊，发展经济，富强国家，改善人民生活，使整个国家蒸蒸日上。

2. 加强国防，重用帅才：军事委任谭纶、戚继光、王崇古等不世帅才，尚武练兵，巩固边防，威服四海；周边藩属诸国心悦诚服，八方来朝。

3. 隆庆元年（1567年），皇帝宣布解除海禁，强化贸易，允许民间私人海上运输、贸易，商业繁荣，经济发达，中国东南沿海进入高速发展时期，大量白银流入中国，史称"隆庆开关"。

4. 隆庆五年（1571年），鞑靼首领俺答降明。在阁臣高拱、张居正的策划下，会同宣大总督王崇古、大同巡抚方逢时，与俺答达成封贡和互市，成功地结束了大明王朝与北边鞑靼部落将近200年的敌对状态，解除了北部边境之患。明朝皇帝封俺答为顺义王，开放11处边境口岸，加强双边贸易，从此边境安宁，经济繁荣。

⬤ 明穆宗朱载垕像

⬤ 明穆宗孝安陈皇后像

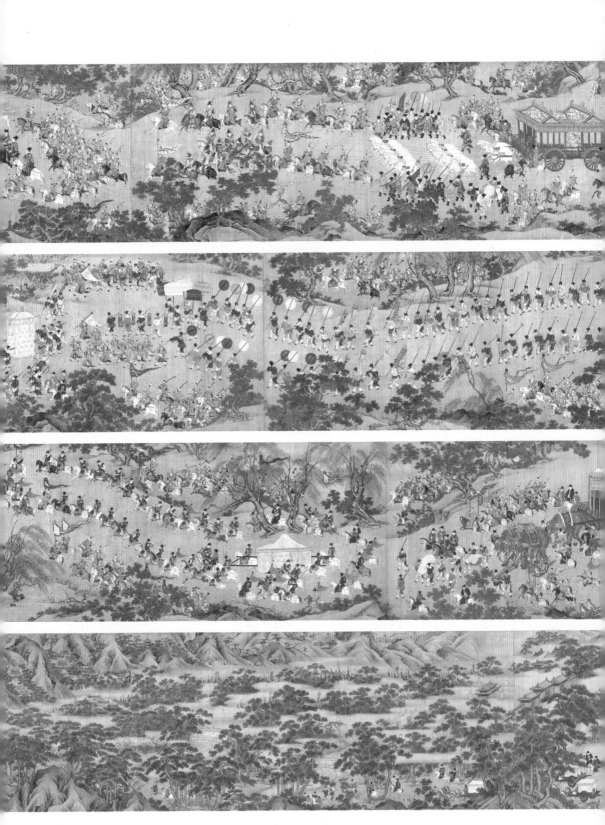

◆《出警入跸图》

明　佚名　现收藏于中国台北故宫博物院。

此画分为两卷：《出警图》与《入跸图》。《出警图》描绘的是皇帝骑马出京到十三陵祭祖的景象，《入跸图》则是祭祖后乘舟还京的景象。据记载，明朝共有三位皇帝曾如此浩荡地祭拜过祖先，他们依次是明宣宗朱瞻基、明世宗朱厚熜以及明神宗朱翊钧，根据明朝《起居注》判别，此画中的皇帝应是明穆宗的第三子明神宗朱翊钧。

107

宫变后，方皇后被活活烧死

"壬寅宫变"后，方皇后假公济私，趁皇帝养病、宫廷混乱之际，假传圣旨，收拾自己的两位情敌："这群逆婢，并曹氏、王氏，合谋弑于卧所，凶恶悖乱，罪及当死。你们既已打问明白，不分首从，都依律凌迟处死。其族属，如参与其中，逐一查出，着锦衣卫拿送法司，依律处决，没收其财产，收入国库。陈芙蓉，虽系逆婢，阻拦免究。钦此钦遵。"

可怜皇帝的宠妃曹氏，没有参与谋杀，方皇后出于妒忌，在宫变发生后的第二天，趁嘉靖皇帝还未完全苏醒，不能开口说话，就假传圣旨，将情敌端妃曹氏、宁嫔王氏，连同参与谋杀的16名宫女一起，全部判处极刑，凌迟处死。

当时，刑部等衙门负责审理。刑部领了皇帝之命，立即行动。

刑部回奏，详细记录了当时行刑的情况：

"臣等奉了圣旨，随即会同锦衣卫掌卫事、左都督陈寅等，捆绑案犯赴市曹，依律将其一一凌迟处死，尸枭首示众，并将黄花绳、黄绫抹布封收官库。然后，继续捉拿各犯亲属，到时，均依法处决。"

上文所说曹氏、王氏，就是端妃曹氏和宁嫔王氏，指证她俩主导发动了这场宫廷政变。

嘉靖皇帝清醒后，根本不相信端妃会对自己下毒手，却也很无奈。

当时，嘉靖后宫有两名王氏女子皆封为嫔：

一位是嘉靖十年（1531年）册选的"九嫔"之一昭嫔，生皇次子庄敬太子。

另一位是宁嫔王氏，其家世、何时入宫、因何被封，皆不详，一直未生育。

后宫美女太多，皇帝久不搭理宁嫔王氏，王氏对皇帝充满怨恨，便联络杨金英等宫女谋杀皇帝。

可是，端妃曹氏是皇帝最喜爱的宠妃，当夜侍寝，不可能参与谋杀，且也毫不知情。

然而，在方皇后的安排下，王宁嫔和宫女口供，都指认端妃曹氏知情。

《明史·世宗本纪》称："二十一年……冬十月丁酉，宫人谋逆，伏诛，磔端妃曹氏、宁嫔王氏于市。"

《明史·皇后列传》称：

（嘉靖）二十一年，宫婢杨金英等谋弑逆，帝赖后救得免，乃进后父泰和伯锐爵为侯。初，曹妃有色，帝爱之，册为端妃。是夕，帝宿端妃宫。金英等伺帝熟寝，以组缢帝项，误为死结，得不绝。同事张金莲，知事不就，走告后。后驰至，解组，帝苏。后命内监张佐等捕宫人杂治，言金英等弑逆，王宁嫔首谋。又曰：曹端妃虽不与，亦知谋。时帝病悸不能言，后传帝命收端妃、宁嫔及金英等，悉砾于市，并诛其族属十余人。然，妃实不知也。久之，帝始知其冤。

端妃曹氏，确实冤死。这场变故之后，嘉靖皇帝时常感到宫中闹鬼，仿佛端妃曹氏化为厉鬼作祟。

嘉靖皇帝对内阁大臣徐阶说："壬寅大变，内有枉者为厉。"

徐阶回答："彼生而贵近，段受枉，能无为厉！"

此话即说宫中厉鬼，正是冤死的端妃曹氏。

后来，嘉靖皇帝搬到西苑永寿宫，不再住在乾清宫。

乾清宫是皇宫正宫，皇帝不住正宫，而住在偏宫，不吉。为此，大臣王同祖专门上疏《还宫疏》，以皇帝必须居于正位之说，请求皇帝搬回乾清宫。

嘉靖皇帝性情古怪，他的皇后下场都不好。

嘉靖皇帝的第一任皇后是北直隶元城人陈万言的女儿，陈氏温柔贤慧，修养很好，其名声和气质俱佳。但是，她对嘉靖皇帝的严厉古怪和乖戾怪僻的脾气一忍再忍，最后实在无法忍受。

一年秋天，有一次，陈皇后和皇帝朱厚熜一起吃饭时，张顺妃和方妃进

明世宗孝洁肃陈皇后像

来奉茶，嘉靖皇帝竟当着陈皇后的面看两位妃子的手，陈皇后因为忌妒张顺妃，愤怒之下摔碎杯子。皇帝朱厚熜勃然大怒，咆哮不止。当时，陈皇后怀孕，惊悸之下，被吓得流产。不久，陈皇后病逝。

陈皇后去世后，皇帝朱厚熜变本加厉，根本不原谅陈皇后：草草地将皇后安葬在一个荒山谷里；不辍朝，不玄冠，不素衣，不哀悼。

陈皇后去世后，皇帝朱厚熜的母亲蒋太后和"伯母"张太后——明武宗朱厚照的母亲，都催促皇帝再物色一位新皇后。

锦衣卫张楫之女，侍奉皇帝朱厚熜多年，皇帝颇有好感，且张氏性情温和，知书达礼，恪守妇道。于是，经过商议，张氏被立为皇后，为第二任皇后。

张皇后、张太后，关系密切。朱厚熜虽然由张太后扶植，被立为皇帝。但是，皇帝非常厌恶张太后和她的娘家亲戚。因此，由张太后祸及年轻的张皇后。不久，因为皇帝厌恶，张皇后被废，迁居别宫；张皇后的所有册宝均被皇帝收回；皇后待遇也被全部废除。两年后，张皇后忧郁而死，葬礼草草，按照宫女的规格办理。

张皇后被废之后，嘉靖皇帝考虑立"德嫔"方氏为皇后。为此，他试探大学士夏言的看法。夏言明白皇帝的心思，乘机大拍马屁，献媚地说："夫天圜而地方者也。"意思是说，嘉靖皇帝是天，像天一样圆；未来皇后是地，像地一样，四四方方。九天之后，嘉靖皇帝降旨，册立方氏为第三任皇后。

"壬寅宫变"，方皇后救了嘉靖皇帝一命。

嘉靖二十六年（1547年），皇后宫中大火。宫中内侍请求救出皇后，嘉靖皇帝竟淡淡地说："让她去吧。"方皇后终被活活烧死。

乳母客氏

天启皇帝朱由校（1621—1627年在位）是万历皇帝的孙子，性情怪异，是一个乖僻孤独的大小孩。他整天醉心于木匠活，心灵手巧，是一个天赋极高、极富钻研精神的木匠，特别擅长精工雕镂，所雕琢之花纹、图案、人物、故事，栩栩如生，巧夺天工。然而，在处理政务方面，他却完全混沌无知，智商只是一个孩子的水平。

天启皇帝在位七年，纵容宦官魏忠贤，宠信乳母客氏。

客氏横行宫中，把持宫廷，导致朝政昏暗，是非颠倒，内外一片混乱。

客氏，原名客巴巴，河北省定兴县人。早年，她嫁给平民侯二，只是一个十分普通的民间女子。

明代时，宫中规定，每年每季，宫廷都要派出专人，在京畿地区之民间，大量地征召乳母，以便随时入宫，备选内廷。

万历皇帝长子朱常洛为太子期间，纳妃生子。

万历三十三年（1605年），选侍王氏，生下皇长子朱由校。众多备选的乳母之中，客氏出类拔萃，脱颖而出。从此以后，客氏进入皇宫，哺乳皇长孙朱由校。朱由校不幸，幼年丧母，客氏入

明熹宗真像

帝名由校，光宗之子，在位七年，號天啟

⚠ 明熹宗朱由校像

宫，成为幼年朱由校实际上的养母。

朱由校登基，为天启皇帝。最初，客氏居住在供乳母居住的乾西值房。不久，客氏倚仗着天启皇帝的宠信、纵容，毅然决然地迁到咸安宫正式宫殿居住，大胆地享受着先朝太后才有的待遇。明宫为客氏又在宫外安排了住所，地点是东安门旁边的奶子府。

客氏入住咸安宫后，每天白天，客氏来到皇帝的寝宫乾清宫，无微不至地照顾、服侍天启皇帝。晚上，客氏回到咸安宫，有专门的宫女照顾、服侍她休息。

天启皇帝默认了客氏入住咸安宫，也默认了客氏的太后待遇。每当天启皇帝来到咸安宫，向客氏问安时，客氏大摇大摆地以太后自居，命宫中女官作礼仪引赞，迎接皇帝。

客氏聪明绝顶，恩威并用，让年轻的天启皇帝围着她团团转。客氏爱美，很会享受生活。夏天时，咸安宫庭院里搭设凉棚，四周贮藏冰块，为她降温。冬天时，咸安宫宫院由专人收拾地炕，有用不完的皇帝御用火炭专供她取暖。

客氏四十余岁，每天吩咐年轻宫女，用口中的津液为她梳头，以保持头发黑亮光泽。她喜欢穿江南流行的丝绸服饰，经常穿着后妃美服，坐着宫里的轿子，来往于宫廷内外，整个人光鲜亮丽，神采奕奕，宛若二八丽人。

客氏精力充沛，欲望强烈。她的丈夫去世后，在宫中，便和太监首领结纳私情，交欢行乐。最初，她与太监魏朝如胶似漆，热火朝天。后来，她发现魏忠贤更聪明、更有实力，又决然地投向魏忠贤。结果，宫中"二魏"吃醋，势不两立。

有一天深夜，"二魏"竟然在乾清宫中争吵起来，大声喧哗，并大打出手。这时，天启皇帝刚刚入睡，被喧闹声吵醒。天启皇帝很生气，得知是宫中"二魏"为客氏打架，又转怒为喜，揉着惺忪的眼睛，笑着对乳母客氏说："客奶，你说，你心里要谁管事，我替你断。"

客氏做害羞状，示意皇帝，自己有意于魏忠贤。于是，皇帝裁决，魏朝发配安徽凤阳。从此以后，魏忠贤经常出入咸安宫，给客氏请安。两人狼狈为奸，把持控制着宫里和朝廷的一切事务。

崇祯皇帝登基之后，客氏被逮捕，收押于浣衣局，这里是宫中处置有罪宫女的地方。最后，客氏被鞭笞至死。

崇祯皇帝的最后时光

崇祯十七年（1644年），三月十九日凌晨，李自成起义军攻入彰义门，进入北京城。

崇祯皇帝朱由检手执三眼枪，带着数十名太监，骑马奔出东华门，想突围逃出京城。然而，乱箭如雨，众人无法前行。

崇祯皇帝无奈，只好跑到齐化门（今朝阳门），成国公朱纯臣紧闭城门，决不放行。

崇祯皇帝走投无路，转向安定门。此地守军已经逃散，大门深锁。随侍太监拿出利斧，也无法劈开。

三月十九日拂晓，京城大火四起，浓烟滚滚。

崇祯皇帝出逃无门，不得不重返皇宫。

北京城外，火光映天。皇城内外，杀声如潮。

天色将明，皇帝朱由检在前殿鸣钟，召集百官。然而，竟然没有一人前来。

崇祯皇帝朱由检叹息："诸臣误朕也！国君死社稷，二百七十七年之天下，一旦弃之，皆为奸臣所误，以至于此！"

最后，崇祯皇帝逃往景山，在歪脖槐树上，自缢身亡。死时，他光着左脚，右脚穿着一只红鞋，时年33岁。皇帝身边，仅有提督太监王承恩陪同。

崇祯皇帝上吊之前，在蓝色龙袍上手书遗言：

"朕自登基十七年，逆贼直逼京师。虽朕薄德匪躬，上干天怒，致逆贼直逼京师，然皆诸臣误朕也。朕死，无面目见祖宗于地下，自去冠冕，以发覆面。任贼分裂朕尸，勿伤百姓一人。"

诸臣惊闻这一变故，大学士范景文及其妻妾；户部尚书倪元璐与他的一家十三口人；左都御史李邦华，副都御史施邦昭，大理寺卿凌义渠，兵部右侍郎王家彦，刑部右侍郎孟兆祥与其妻何氏、儿子孟章明、儿媳万氏；左谕德马世奇并其妾朱氏、李氏；左中允刘理顺并其妻万氏、妾李氏及儿子、奴仆婢女满门共十八人，太长寺少卿吴麟征，左庶子周凤翔与他的两个妾，检讨汪伟与他的妻子耿氏，户部给事中吴甘来，御史王章，御史陈良谟与其妾时氏，御史陈纯德、赵撰，太仆寺丞申佳允，吏部员外郎许直，兵部郎中成德并母张氏、妻张氏及子，兵部员外郎金铉并母章氏、妾王氏及弟镔，光禄寺署丞于腾蛟并妻，新乐侯刘文炳并祖母与弟，左都督文耀及妹、子孙男女共十六人，驸马巩永固并乐安公主及子女五人，惠安伯张庆臻并阖门男女，宣城伯卫时春并阖家，锦衣卫都指挥王国兴，锦衣卫指挥同知李若珪，锦衣卫千户高文采并一家十七人，顺天府知事陈贞达，副兵马司姚成，中书舍人宋天显、滕之所、阮文贵，经历张应选，阳和卫经历毛维、张儒士、张世禧并二子，百户王某，顺天府学教官五人，俱失其姓名，长州生员许琰，俱死之。

诸臣死难，唯孟兆祥守正阳门，死于门下。王章、赵撰骂敌而死。范景文、申佳允、刘文炳、卫时春赴井，金铉、滕之所、阮文贵、张应选投御河，施邦曜饮药，凌义渠扼吭，巩永固及乐安公主、张庆臻自焚。其余皆投环自缢而死。

三月二十一日，崇祯皇帝的尸体被发现。

李自成大顺军，将崇祯帝与周皇后的尸棺移出宫禁，在东华门示众。当时，"诸臣哭拜者三十人，拜而不哭者六十人，余皆睥睨过之"。皇帝梓宫，暂厝在紫禁城北面的河边。后来，当地平民将崇祯皇帝合葬在田贵妃墓中，并改名思陵。

此时，明朝在中国北方的统治处于崩溃边缘。南方，明朝势力于南京拥立福王朱由崧建立起南明政权。

南明朱由崧大臣张慎言初议崇祯皇帝之庙谥号为"烈宗敏皇帝"，顾锡畴议庙号乾宗，但不被采用。

崇祯十七年（1644 年）六月，定先帝谥号为"绍天绎道刚明恪俭揆文奋武敦仁懋孝烈皇帝"，庙号思宗。弘光元年二月丙子，改上庙号"毅宗"。唐王朱聿键谥为"威宗"。

顺治十六年（1659年）十一月，开始谥为"怀宗"。后来，以"兴朝谥前代之君，礼不称，数不称宗"为由，去怀宗庙号，改谥"庄烈愍皇帝"。清代史书，多简称朱由检为"庄烈帝"。

清人萧徵模曾咏崇祯皇帝：

　　　心匪不仁计则穷，减夫派饷事重重。

　　　可怜三百年天下，断送忧勤惕厉中。

康熙皇帝评价崇祯皇帝："总由生于深宫，长于阿保之手，不知人情物理故也。"

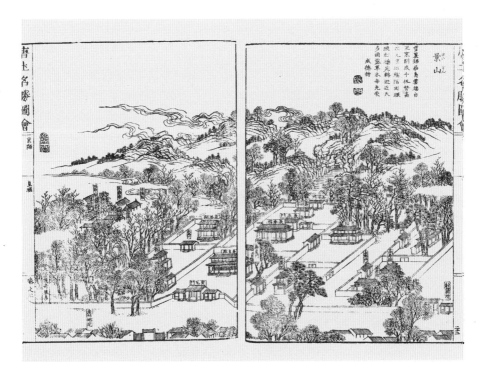

⚑ 景山

选自《唐土名胜图会》，冈田玉山等编绘，现收藏于日本早稻田大学图书馆。

皇太极痴情海兰珠

大清皇帝对心爱的女人一往情深。例如，皇太极对海兰珠，顺治皇帝对董鄂妃，康熙皇帝对赫舍里皇后，雍正皇帝对年妃，乾隆皇帝对孝贤皇后富察氏，等等。

清帝如此痴情，是大清皇室遗传基因造成的吗？

关雎宫宸妃

敏惠恭和元妃（1609—1641年），博尔济吉特氏，名海兰珠，蒙古名为乌尤塔。她生于万历三十七年（1609年），为蒙古科尔沁贝勒寨桑之女，孝端文皇后之侄女。天聪八年（1634年），海兰珠26岁，进入清宫。早在10年前，天命十年（1625年），其亲妹布木布泰（孝庄文皇后），年仅13岁，便嫁给了皇太极。

海兰珠，是孝庄文皇后的亲姐姐，比孝庄文皇后大4岁。海兰珠嫁给皇太极时，已经26岁，比孝庄文皇后晚嫁皇太极9年。但是，没有任何档案、史料记载海兰珠26岁之前的生活。

《清入关前内国史院满文档案》记载："天聪八年（1634年）十月十六日，科尔沁部乌克善洪台吉率诸臣送妹至。汗偕诸福晋迎至，设大宴纳之为福晋。"这份档案，是海兰珠最早的史料记录。

崇德元年（1636年），皇太极称帝，大封后宫。

皇太极后妃，包括以下几位：

元妃钮祜禄氏（1593—1612年），额亦都之女，皇太极原配夫人，明万历四十年卒，年二十。

继妃乌拉那拉氏，乌拉贝勒博克铎之女，因见努尔哈赤以及阿济格不下轿，被努尔哈赤视为侮慢行为，遭勒令离婚。

孝端文皇后，科尔沁博尔济吉特氏，名哲哲，正宫皇后。

孝庄文皇后，科尔沁博尔济吉特氏，名布木布泰，永福宫庄妃。

敏惠恭和元妃，科尔沁博尔济吉特氏，名海兰珠，关雎宫宸妃。

懿靖大贵妃，阿霸垓博尔济吉特氏，名娜木钟，麟趾宫贵妃。

康惠淑妃，阿霸垓博尔济吉特氏，名巴特玛璪，衍庆宫淑妃。

海兰珠，封为宸妃，赐居关雎宫。《诗经》：关关雎鸠，在河之洲。窈窕淑女，君子好逑。

崇德二年（1637年），宸妃生下皇八子。皇太极喜出望外，欣喜若狂。不久，他决定立宸妃之子为皇位继承人。八天后，他在盛京皇宫大政殿大宴群臣，颁发了大清第一道大赦令。大赦令中明确规定："除犯上，焚毁宗庙、陵寝、宫殿，叛逃杀人，毒药，巫蛊，偷盗祭天及御用器物，殴祖父母、父母，卖兄弟、妻诬告夫、内乱、纠党白昼劫人等十罪不赦之外，一切监禁之人全部免罪。"

大清第一道大赦令中写道："自古以来，人君有诞子之庆，必颁诏大赦于国中，此古帝王之隆规。今蒙天眷，关雎宫宸妃诞育皇嗣，朕稽典礼，欲使遐迩内外政教所及之地，咸被恩泽。"

皇八子诞生庆典，盛况空前。蒙古各大部落首领均前来恭贺，供奉了大量贺礼。一时之间，盛京皇宫，热闹非凡。

皇太极施恩宸妃家人，封宸妃母亲为和硕贤妃，并赏赐仪仗。

可惜，天公不作美，孩子仅出生半年，还没来得及取名，就不幸夭折了。皇太极非常伤心，极度痛苦。不过，皇太极对宸妃依旧疼爱。

皇太极之前的7个皇子诞生时，没举行任何庆典活动，也没有大赦。随后，庄妃生下第九子（顺治皇帝），麟趾宫贵妃生下第十一子。皇太极依然没有举行隆重庆典，也没有大赦。

最后一面

清崇德六年（1641年）九月，皇太极亲率八旗劲旅，以及漠南蒙古科尔沁等部铁骑精锐，前往松山、锦州，与洪承畴率领的明朝大军进行决战。

锦州围城战，是皇太极围困锦州之战。明崇祯十三年（清崇德五年，1640年）四月，皇太极为了打破宁锦防线，亲率八旗护军、骑兵和汉军携大批红衣大炮，进围锦州。当时，皇太极命令汉军以红衣大炮轰击锦州城外明军哨所，指挥将士攻克城西九台，以及小凌河西岸二台。

皇太极采取"由远渐近"战略，围逼锦州，以困强敌；三月为一期，轮番围困锦州。五月，明蓟辽总督洪承畴亲自出关督阵，派遣吴三桂、刘肇期率领官兵，屯驻松山、杏山，他自屯镇前屯、中后之间，以防蓟官兵分布中协四路、建昌和冷口等地，抗拒清军。五月中旬，明军在杏山附近，与清将郑亲王济尔哈朗、贝勒多铎所率清军遭遇。松山总兵吴三桂、杏山总兵刘周智、祖大寿等率军7000余人，全力堵截清军。双方激烈鏖战，死伤惨重，战争结束，双方杀伤相当，清军稍得优势。

据档案记载，当时，正当双方数十万大军激烈交战、生死搏杀如火如荼之际，皇太极宠爱的宸妃病危。九月十二日，盛京使节飞报"关雎宫宸妃有疾"。

皇太极大惊，得知海兰珠病危，立即召集诸将，命令他们留下固守阵地。

第二天，即十三日凌晨，皇太极马不停蹄，前往盛京。他们日夜兼程，行色匆匆。

九月十七日夜，驻跸旧边。刚过一更之时，盛京使节飞报"宸妃病笃"。皇太极不顾疲劳，吩咐上马，连夜拔营，快马加鞭，直奔盛京。

十八日凌晨，皇太极前往皇宫途中，使节三次飞报：海兰珠已经气绝身亡——"宸妃已薨"。

皇太极处于疯狂状态，快马飞奔，进入盛京，冲进大清门，扑向关雎宫。

然而，一切为时已晚。关雎宫中，海兰珠面无血色，香消玉殒，年仅33岁。皇太极如五雷轰顶，抚着爱妃的尸体，大声悲哭。

皇太极悲痛欲绝，难以接受海兰珠已经病逝。因为悲伤过度，他几次昏厥过去。皇上如此悲痛，皇后、妃嫔无所适从，诸王大臣更是惶恐不安。

前方战事紧张，国事至重。诸王大臣纷纷进言，劝告皇上"自保圣躬，勿为情牵，珍重自爱"。

悲痛过后，皇太极立即清醒过来，面对诸王大臣，诚恳地说："太祖崩时，未尝有此。天之生朕，岂为一妇人哉！"

随后，皇太极为爱妃海兰珠举办了隆重的葬礼，亲自主持，亲自祭奠。

九月二十九日，初祭。皇太极亲率王公大臣、文武百官及其夫人们，举行祭奠，宣读祭文：

> 皇帝致祭，于关雎宫宸妃。尔生于乙酉年，享寿三十有三，薨于辛巳年九月十八日。朕自遇尔，厚加眷爱。正欲同享富贵，不意天夺之速，中道仳离。
>
> 朕念生前眷爱，虽没不忘，追思感叹，是以备陈祭物，以表衷悃。仍命喇嘛僧道，讽诵经文，愿尔早生福地。

一生的思念

漫长的岁月，皇太极一直活在对宸妃的思念之中。

周祭、月祭、冬至祭、小祭、大祭、周年祭，祭祀活动庄严肃穆，皇太极郑重其事，从不敷衍。

岁暮之时，皇家大祭，祭祀列祖列宗。随后，皇太极亲率皇后、嫔妃、王公大臣、文武百官及其夫人，前往海兰珠墓地，隆重祭祀。

次年新年元旦，皇宫大贺，喜气洋洋。

皇太极传谕，停止一切娱乐活动："以敏惠恭和元妃丧，免朝贺，停止筵宴乐舞。"

海兰珠墓地，位于盛京地载门外大约五里的地方。这里阳光充足，温暖舒适，是皇太极出宫打猎必经之地。

皇太极每次出宫游猎，必定经过海兰珠墓地，睹物思人，伤心落泪。

崇德七年（1642年）四月，松山锦州大战全面告捷，清军取得胜利。明朝统兵大将洪承畴、祖大寿等人，先后经过劝降，最后降清。

同月，皇太极在盛京皇宫大政殿特地设宴，隆重庆贺。

可是，皇太极如此重视二位大将降清，赏赐盛宴，宴会上却没有皇太极的踪影。

近侍奉旨，传谕两位降将："朕未服视朝衣冠，又不躬亲赐宴，非有所慢于尔等也。盖因关雎宫敏惠恭和元妃之丧未过期，故尔。"

原来，皇太极是在为爱妃守丧。

海兰珠丧期内，禁止娱乐。有王公大臣不遵禁令，私自寻欢作乐，被查出之后，从重严惩。据档案记载，受处罚者，多达数十人。郡王阿达礼、辅国公扎哈纳等人作乐，降旨削爵。其余违令者，分别轻重，受到没收家产、罚银、鞭笞，以及贯耳鼻等处罚。

《清史稿·后妃列传》记载：

> 敏惠恭和元妃。博尔济吉特氏，孝庄皇后姊也，天聪八年来归，崇德元年，封关雎宫宸妃，妃有宠于太宗，生子，为大赦，子二岁殇，未命名。
>
> 六年九月，太宗方伐明，闻妃病而还，未至，妃已薨，上恸甚，一日忽迷惘，自午酉始瘥，乃悔曰"天生朕为抚世安民，岂为一妇人哉？朕不能自持，天地祖宗特示谴也"。
>
> 上仍悲悼不已。诸王大臣请出猎，遂猎蒲河。还过妃墓，复大恸。妃母和硕妃来弗，上命内大臣掖舆临妃墓。郡王阿达礼，辅国公扎哈纳当妃丧作乐，皆坐夺爵。

海兰珠，名字优美，寓意深长。

海兰珠，满文之名，满语之意思，是珍爱之女。

乌尤塔，蒙文之名，蒙古语之意思，是美玉、碧玉。

后金时期，正妻称为大福晋，汉文称为妃。嫡妻，称为元妃；继室，称为继妃。

清初时期，元妃，指大汗、诸王、贝勒、皇子原配嫡福晋。元，元配之意；妃，妻子之意。

海兰珠死后，皇太极追封其为"敏惠恭和元妃"。皇太极，把海兰珠当成元配妻子。皇太极真正的元妃钮祜禄氏，却没有获得元妃尊称。

海兰珠，谥号之"敏"：应事有功曰敏；明作有功曰敏；英断如神曰敏；明达不滞曰敏；闻义必徙曰敏；才猷不滞曰敏；好古不怠曰敏。谥号，是一个人人品、性格的凝结。海兰珠谥号中的第一个字是"敏"，意思是海兰珠聪明英断、宽容有礼。

科学迷皇帝玄烨

科学迷

康熙皇帝，是中国历史上唯一一个大量学习西方科技的皇帝，人称圣明之君。

康熙皇帝喜爱西方科学、技术，尤其是数学、化学、医学、天文学、人体解剖学、物理学等，甚至到了痴迷的程度。

在数学方面，康熙皇帝认真学习，专心钻研，造诣之高，当时研究数学的数学家几乎无法相比，特别是在几何、代数学科方面，他运用自如，出神入化，融会贯通。据史料记载，中国"平方根"这一数学专用词，就是康熙皇帝发明创造的。

康熙皇帝熟悉历史，精通地理。他从书本之中获取丰富的历史、地理知识，在日常生活、行军打仗、出宫巡幸之时，利用各种机会考察地理、地质、地貌，印证历史记载；熟悉气候、风俗、土壤，了解各地的农业、生产、水文、生物等，不断地丰富自己的知识。一有所收获，他就写诗写文，如实记载。

康熙三十五年（1696年）四月，康熙皇帝西巡，亲笔写下杂记，记述自独石口至喀伦之真实经历："从独石口至喀伦，以绳量之有800里，较向日行人所量，日见短少。自京师到独石口，为路甚近，约计不过423里。皇太子试使人量之。喀伦地方，用仪器测验北极高度，比京师高 5 度，以此度之，里数乃 1250 里。"

黄沙漫漫，无边无际。人们谈沙色变，不敢轻易涉足沙漠。康熙皇帝却深入沙漠，亲历流沙，御制诗文，留下了详细的沙漠记载，十分珍贵。

康熙三十五年（1696 年）四月，康熙皇帝降谕太子：

> 现在，经过之地，不是大瀚海。大瀚海，更西，其地更为辽阔空远。然而，这里山阜联绵，砂石相间，自出喀伦以来，还没有见过一寸土地。这里，沙很坚，履而不陷。营中军士，凿井很方便，一人可凿二三十处。所以，军中用水，没有问题。
>
> 沙漠之中，有的称善达，地洼而润，挖掘不过二尺就可见水。有的称赛尔，山间沟径，挖一尺有余即可见水。有的称布里杜，丛草积潦，虽水源充足，但好水较少。有的称窥布尔，水流地中，以手相探，即可取水，所以，野骡常以蹄跃而饮。

康熙皇帝经过实地考察，提出了著名观点：广袤沙漠之中，有的地方曾经是水乡泽国。这个大胆的论点，康熙皇帝曾罗列了许多论据进行论证。

针对黑龙江乌喇、内蒙古科尔沁等地的木化石、鱼化石，康熙皇帝派遣大臣，组织专门队伍进行考察、研究和地理测绘。经过科学研究、辨析，康熙皇帝十分敏锐地发现了地理偏磁问题。

康熙皇帝经过实地考察，发现了黄河之源。

康熙皇帝博览群书，善于发现问题。黄河源头，史书记载杂乱，众说纷纭。经过实地考察，康熙皇帝写《星宿海》，提出重大发现：黄河，发源于星宿海。后人以星宿海之名，判断黄河之水天上来，这是大错而特错的。"朕尝遣派侍卫，西穷河源，达到星宿海。"其地，蒙古名叫鄂敦他腊，也就是星

◁《康熙帝读书像》轴

清　佚名　现收藏于北京故宫博物院。

▼《康熙南巡图》卷（局部）

清　王翚等　现收藏于北京故宫博物院。
康熙皇帝为了体察民情、加强统治，平和南北，先后六次南巡。他曾到多地巡视民情，所到之处排场也是极其
盛大。画师共绘制十二巨卷，描绘了整个南巡的过程，以下画作为部分图。

▲《康熙南巡图》卷一（局部）"卤簿仪仗"（一）

▲《康熙南巡图》卷一（局部）"卤簿仪仗"（二）

▲《康熙南巡图》卷九（局部）"南巡人马过钱塘江"

▲《康熙南巡图》卷九（局部）"康熙皇帝祭谒大禹陵"

135

▲《康熙南巡图》卷十二（局部）"正阳门外"

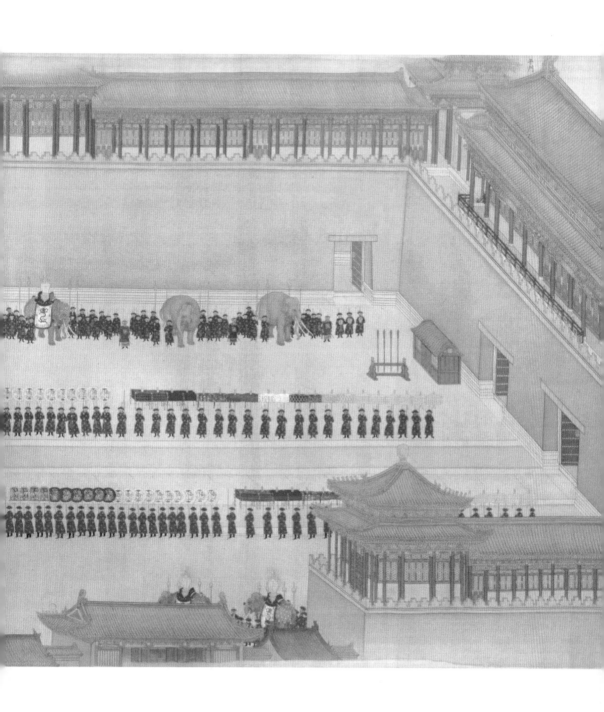

▲《康熙南巡图》卷十二（局部）"天安门"

野。地上，飞泉流涌，水泡万千。从高向下望，遍地大小星点，如群星灿烂，故名为星宿海。

这篇记载，是中国皇帝关于黄河源头最早、最科学、最准确的考察、记载。

康熙皇帝是科学迷，写有大量科学诗文：《蒙气》，记载太阳在空气中的折射影像；《方音》，记载七省地方语言的差异；《雷声不过百里》，记载声、光、黄钟之间的关系，以及《南方物性》《海鱼化唐》《山气》《雷楔》《潮汐》《沙蓬米》《青马》《同声相应论》等，科学观察，真实记载，令人信服，许多科学观点、论点，很有价值，令人耳目一新。

京西御稻的发明人

康熙皇帝重视农业，经常吟诵《诗经》之《豳风》《无逸》等农业书籍。康熙皇帝倡导与民休息，鼓励农桑耕织，重视生产，大力支持发展农业经济。

康熙皇帝阅历广博，农业知识丰富，在农业生产、技术、气候、种植等方面很有造诣。

康熙皇帝说，他自幼就喜爱稼穑，常将各地进献的五谷菜蔬种子反复端详，亲自种植，观察其生长、发芽、成长、收获的过程。

康熙皇帝写下了大量诗文，记载了他的重农业观。康熙皇帝《春雨》诗，便是其代表作：

> 暮雨霏微过凤城，飘飘洒洒重还轻。
> 暗添芳草池塘色，远慰深宫稼穑情。

中南海丰泽园中，康熙皇帝治田数畦，亲自耕种。这里土地肥沃，田连阡陌，井然有序。触目所及，绿树成林，麦浪盈野。草长莺飞，蜂逐蝶舞，鸟叫蛙鸣，此起彼伏。

农田旁边，康熙皇帝种植桑树，加盖蚕舍，赐名知稼轩、秋云亭。

康熙皇帝喜爱农桑，注重耕织，特别绘制了《耕织图》四十六幅；每幅图旁，康熙皇帝皆御笔题诗一首，详细记述了耕织过程。

康熙皇帝在农业方面最大的贡献，是他成功地发现、推广了京西稻。

京西稻为北京市海淀区上庄镇特产。京西稻属于优质粳米，米粒椭圆丰腴，晶莹透明。米饭富有油性，黏而不糯，软硬适中，米饭清香，富有弹性。米粥颜色青绿，香气袭人，口感独特，黏滑细软，中有米油。

北京西部是山地，海淀地势西高东低，属于暖温带半湿润的山地丘陵及山麓平原地区，海拔高度35—1278米。京西稻区地处海淀西山东面洼地，水资源丰富，能够充分保障水稻各个生长时期的用水需求。这里，年平均气温12.5℃，无霜期211天，年平均降雨量600毫米左右，生长期日照数1400个小时，能够充分满足优质水稻品种的生长需要。

北京海淀种植稻谷的历史十分悠久。三国曹魏时期，此地就开始建造水渠，种植水稻。三国时期，魏齐王曹芳嘉平二年（250年），刘靖在漯河（今永定河）上拦水修坝，建造车厢渠。《三国志·魏志》记载："灌溉蓟（城）南北，三更种稻，边民利之。"

元代时，水利学家郭守敬奉旨疏通大都（北京）河道。开通通惠河之后，北京水源充足，有力地保障了北京西部地区水稻的健康生长。

当时，河岸两边，农民开始大面积种植水稻。

康熙二十八年（1689年），康熙皇帝第二次南巡。康熙三十一年（1692年），康熙皇帝将南巡带回的稻种，选择在玉泉山东面洼地试种。这次种稻是京西水稻种植的开始。经过精心种植、养护，稻子快速成长。

有一天，康熙皇帝巡视稻田，无意之中惊奇地发现：有一株稻子鹤立鸡群，"高出众稻之上"，颗粒成熟，健康饱满。康熙皇帝喜出望外，吩咐将此稻精心培植，作为种子，小心收藏。第二年，以此为种子进行御田试种。果然，六月时节，稻子早熟，颗粒饱满。收获之后，经过试吃，发现这种早熟新稻米色微红，气味清香，丰腴可口。此稻由康熙皇帝发现、培育，产于宫廷御园，因此，被称为"御稻米"。这种稻子在南方种植，一亩可收三四石稻子。可是，在北京玉泉山下，一亩只能收一石左右。

后来，康熙皇帝前往福建巡视，发现福建农民用鸡毛等洒于稻田，能使"禾苗茂盛，亦得早熟"。康熙皇帝受到启发，喜出望外。回到北京后，他依照此法，在玉泉山御稻田用泉水灌溉时，将猪毛、鸡毛洒于稻田。果然，稻子早熟、丰收，取得成功。

康熙皇帝在《几暇格物编·御稻米》中，详细记载了自己的耕种实践活动：

丰泽园中，有水田数区，布玉田谷种。岁至九月，始刈获登场。一日，循行阡陌。时方六月下旬，谷穗方颖。忽见一科，高出众稻之上，实已坚好，因收藏其种。待来年，验其成熟之早否。明岁六月时，此种果先熟。从此，生生不已，岁取千百。

四十余年以来，内膳所进，皆此米也。其米，色微红而粒长，气香而味腴，以其生自苑田，故名御稻。一岁两种，亦能成两熟。口外种，至白露以后，不能成熟。惟此种，可以白露前收割。故山庄稻田所收，每岁避暑用之，尚有赢余。曾颁给其种与江、浙督抚、织造，令民间种之。闻两省颇有此米，惜未广也。南方气暖，其熟必早于北地。当夏秋之交，麦禾不接，得此早稻，利民非小。若更一岁两种，则亩有倍石之收，将来盖藏渐可充实矣。

这种早熟京西稻一直盛产，发展势头良好。

乾隆皇帝喜爱御稻米，非常重视京西御稻的培育。乾隆皇帝六下江南，精心挑选稻种，经过比较，发现带回的水稻"紫金箍"非常可口，吩咐种植在京西二龙闸到长春河堤一带。

这是乾隆年间的京西御稻米，所有生产之御稻米，专供皇帝和宫廷御用，成为皇家特供的御用稻米供应基地。乾隆后期，御稻米种植已达两万余亩。

经过康熙、雍正、乾隆祖孙三代130余年的精心培育、经营，京西御稻米顺利地实现了南稻北栽的华丽转身和成功栽培，形成了独特的皇家御稻文化。

20世纪80年代，京西御稻的种植面积达到顶峰，有10余万亩。

▼《御制耕织图》(局部)

清　焦秉贞绘　康熙诗　现收藏于美国国会图书馆。
又名《佩文斋耕织图》，全册共计23幅耕种图和23幅纺织图。以江南农家耕种和纺织为题材，描述了农作物的生产过程以及养蚕纺织的流程，每幅画旁皆配有康熙皇帝御制诗。

🔺浸种

🔺耕

耕第三圖 耙耮

每當旰食念民依南畝三時願不違已見
深耕還易耮綠蓑青笠兩霏霏
農務時方急春潮堰欲平烟籠高柳暗風
逐去鷗輕慶笠低雲影舊亂雨聲耙頭
船共穩斜立呫牛行
九重宵旰廑民依課重陰晴總不違縷
縹雲山迷樹色綠蓑扶耙雨霏霏

⚫ 耙耮

耕第四圖 耖

東阡西陌水潺潺扶耖泥塗未得閒為念
饔飧由力作敢辭竭蹶向田間
南畝耕初罷西疇耖復親四蹄聽活活十
頃望畇畇蝶舞黃萱晚鶯歸綠樹新春先
長不負祇有力田人
新田如掌水潺潺扶耖終朝那得閒手
足沾塗渾不管月明共濯碧溪間

⚫ 耖

144

耕 第五圖 碌碡

老農力穡應偏周早夜扶犁未肯休更駕
烏犍施碌碡好敎春水滿平疇
如輪轉機石應碌向東皋驅亦何急平田
敢告勞春朦縈似帶沃壤膩於膏水族堪
供餉傾罇醉蟹螯
帶雨扶犁一夕周作勞終畝敢辭休縱
橫碌碡如梭轉膏壤勻鋪徧舊疇

🔺 碌碡

耕 第六圖 布秧

農家布種避春寒甲坼初萌最可觀自昔
虞書傳播穀民閒莫作等閒看
種包圻拆甲岸畔競攜筐活活衝泥布紛
紛落朧香追隨歡幼稚祝禱願豐穰氣候
今年早行看刺水秧
二月春風峭寒原田彌望水雲寬最
憐舊穀生新穎欲布秧時仔細看

🔺 布秧

耕第七圖 初秧

一年農事在春深無限田家望歲心最愛
清和天氣好綠疇千頃露秧鍼
珍惜占城種攜兒上隴來一溪添雨足盈
歃喜秧開宿露濃相襄韶陽暖復催忻忻
頻笑指轉眼可移栽
柳暗花明春正深田家那得冶遊心老
翁策杖扶兒笑卻喜初秧擺綠鍼

🔺初秧

耕第八圖 淤蔭

從來土沃藉農勤豐歉皆由用力分鋤草
灑灰滋地利心期千歉稼如雲
鳥鳴村陌靜春濃野橋低已愛新秧好旋
看復隴齊淤時爭早作課罷當安樓沾體
兼塗足忙忙日又西
短杓盛灰淤畝勤高原下隰望中分鳴
鳩喚雨聲聲好嶺外旋看起白雲

🔺淤蔭

青蔥刺水滿平川　移植西疇更勃然
驚心芒種迫分秧　須及夏初天
吉辰逢社後　比戶趁忙時　盈把分青壤和
根灌綠漪兒童擔　餉榼婦子製秧旗慣得
為農樂辛勞自不知
勻鋪綠毯滿平川　萬井風和花欲然移
自南疇向西陌　拔秧時節日長天

耕第九圖 拔秧

△ 拔秧

千畦水澤正瀰瀰　競插新秧恐後時亞旅
同心欣力作　明歸去莫孃遲
令序當芒種　農家插蒔天候分行整整伃
看影芊芊力合開　歌發栽薅聽鼓前一朝
千頃遍長日正如年
甫田萬井水瀰瀰　拔得新秧欲插時槐
夏麥秋天氣好及　時樹藝莫教遲

耕第十圖 插秧

△ 插秧

一位不折不扣的数学控

康熙皇帝拜比利时传教士南怀仁为师，学习数学。南怀仁是西方人，汉语、满语水平有限，如何交流、教授数学知识呢？

数学，严谨、抽象，教授起来，困难重重。教授教书，表达、表述，力不从心；学生求学，难以理解，如堕五里雾中。

康熙皇帝虽天资聪颖，但每天也被搞得晕头转向。经过反复思索，康熙皇帝向洋老师建议：将数学未知数简称为"元"；最高次数简称为"次"（限整式方程）；把方程左右两边相等之未知数，简称为"根""解"。

经过康熙皇帝的简化，算学教学轻松自如多了。南怀仁十分兴奋，突然抱住年轻的康熙皇帝，激动地说："我读书、教书几十年，无论是老师，还是学生，从来没有见过一个像您这样肯动脑筋的人啊！"

南怀仁开始使用康熙皇帝这些独创性的数学名词时，十分惊异地发现，这些新术语表达方便，通俗易懂，简洁明了。这些便于理解、记忆的数学术语，从宫中传出后，一直流传沿用至今。

学习数学，解方程式时，其"元""次""根""解"等名词术语，都是康熙皇帝的创造发明。

康熙皇帝是科学迷，更是一位精通算学的数学控。他经常光临蒙养斋，和皇子、传教士、中国数学家，深入地探讨各类数学问题。其中，大学士陈厚耀是康熙皇帝非常赏识的一位数学家。

陈厚耀（1648—1722年），字泗源，号曙峰，江苏泰州人。早年时，师从梅文鼎研究天文历算。康熙四十五年（1706年），中进士。历任苏州府学教授、内阁中书、翰林院编修、国子监司业、翰林院修撰等职。康熙五十四年（1715年），任会试同考官。

陈厚耀精通算学、天文学，著有《借根方算法》八卷、《算法纂法总纲》三卷、《八线根表》一卷等；对儒经《春秋》深有研究，著《春秋世族谱》

《春秋战国异辞》《通表》《摭遗》等。

据档案记载，由大臣李光地推荐，称陈厚耀通晓天文算法，受到康熙皇帝召见。引见之后，康熙皇帝很满意，迁其为内阁中书。

当时，康熙皇帝命试以算法，绘三角形，令求中线，及问弧背尺寸。陈厚耀具札以进，称旨，命入值内廷，授编修，与算学大师梅毂成一同修书。

康熙皇帝对梅毂成说："汝知陈厚耀否？他算法近日精进，向曾受教于汝祖，今汝祖若在，尚将就正于彼矣！"康熙皇帝赏识陈厚耀，尝召至御座旁，教以几何算法。

康熙皇帝问："汝能测北极出地高下否？"

陈回答："遇春秋二分，用仪器测之，可得高度。若馀节气，又有加减之异。然亦不准何也？地上有朦气之差，以人目视之，有升卑为高，映小为大之异，故以浑仪测之多不合，惟在天度数则不差耳。"

康熙皇帝问："地周三百六十度，依周尺每度二百五十里，今尺二百里，地周几何？径几何？"

陈回答："依周尺，地周九万里，今尺七万二千里。以围三径一推之，地径二万四千。以密率推之，当得地径二万二千九百一十八里有奇。"

康熙皇帝问："地圆，出何书？"

陈回答："以《周髀算经》曾言之。"

康熙皇帝问："何以见其圆也？"

陈回答："职方外纪，西人言绕地过一周，四匝皆生齿所居，故知其为圆。且东测影有时差，南北测星有地差，皆与圆形相合，故益知其为圆。"

陈厚耀官至司业左谕德，以老疾致仕，卒于家，享年75岁。

晚年之时，康熙皇帝吩咐编纂一部融合中、西数理科学的大型综合丛书。陈厚耀奉旨牵头，组织何国宗、梅毂成等数学家，编纂了清朝最为著名的数学百科全书——《钦定律历渊源》。

《钦定律历渊源》包括：《历象考成》四十二卷、《律吕正义》五卷、《数理精蕴》五十三卷。其中，在中国历史上影响最大的是《数理精蕴》。

纂修期间，康熙皇帝下令"将所纂之书，每日进呈"；每日书稿，他"亲加改正"。

◀ 银镀金浑天仪

现收藏于北京故宫博物院。

▶ 康熙朝地球仪

现收藏于北京故宫博物院。

▼ 楠木雕花框镶银刻比例表炕桌

现收藏于北京故宫博物院。这张炕桌是为康熙皇帝便于演算数学而特制的桌子，桌子表面装有三块刻有数学公式以及刻度的银板，内膛镂空，便于放置工具。

这部巨著对中国周边国家影响巨大，特别是对日本数学界产生了极大影响。

"钦定"二字，清晰地表明，此书是由康熙皇帝亲自审核、策划、主持编纂的。

中国国家图书馆收藏了一部康熙时期的重要数学著作：康熙皇帝著《御纂三角形论》。书上标明"御纂"，表示康熙皇帝亲自参与了编纂。

清康熙年间，数学家陈厚耀撰写专著《陈厚耀算书》。2003年，此书在西安被发现，这是迄今为止发现的第二部康熙数学著作。

这本数学专著，全书分六册。第六册中，"勾股图解"一篇是由康熙皇帝口授，陈厚耀笔录，"以积求勾股"。

在这篇《积求勾股法》中，康熙皇帝论述了5种求解直角三角形问题的解法，条理清晰，简便实用。"以积求勾股"为标题，加"钦授"二字，表明这套求解方法是康熙皇帝的发明创造。

康熙皇帝精通数学，可以说他是一位不折不扣的数学控，是中国历史上唯一有据可考、对数学问题提出独特解法的皇帝。

在数学问题上，康熙皇帝谦虚谨慎、虚心求学，从来不以帝王自居，以科学严谨的态度摒除一切门户之见。

康熙皇帝经常向中外数学专家虚心求学，特别是西方传教士。当时，担任康熙皇帝数学老师的西洋传教士主要包括：比利时之南怀仁、安多；葡萄牙之徐日升、苏霖；法国之张诚、白晋等人。

这些传教士经常进宫，给康熙皇帝讲解天文、历算，以及与之有关的欧几里得原理、阿基米德几何学，演示各种天文仪器、数学仪器的使用方法，解说各种各样的定理、公式，等等。

法国人白晋著《康熙皇帝》一书，十分生动细致地记载了康熙皇帝学习数学的情况。这部书中，白晋称：

> 皇上在研究数学的过程中，已感到最大的乐趣……皇帝认真听讲，反复练习，亲手绘图，对不懂的地方，立刻提出问题。就这样，整整几个小时，和我们在一起学习。然后，把文稿留在身边，在内

室里反复阅读。同时，皇上还经常练习运算和仪器的用法，复习欧几里得的主要定律，并努力记住其推理过程。

这样学习了五六个月，康熙皇帝精通了几何学原理，取得了很大进步，以至于一看到某个定律的几何图形，就能立即想到这个定律及其证明。有一天，皇上说，他打算把这些定律从头到尾阅读十二遍以上。

我们用满语把这些原理写出来，并在草稿中补充了欧几里得和阿基米德著作中的必要而有价值的定律和图形。除上述课程外，康熙皇帝还掌握了比例规的全部操作法，主要数学仪器的用法和几种几何学和算术的应用法。

康熙时期，一流数学家梅文鼎先生高度赞扬康熙皇帝。他在《绩学堂诗钞》中称："御制《三角形论》，言西学实源中法，大哉王言！著撰家，皆所未及！"

康熙皇帝酷爱数学，他曾对皇子回忆自己学习数学的原因：

> 尔等惟知朕算术之精，却不知我学算之故。朕幼时，钦天监汉官与西洋人不睦，互相参劾，几至大辟。杨光先、汤若望，于午门外九卿前，当面睹测日影。奈九卿中，无一知其法者。朕思己不知，焉能断人之是非？因自愤而学焉。

清朝的衰落源于康熙皇帝

康熙皇帝、法国路易十四、俄国彼得大帝，是同时代的三大君主，他们博学多才，励精图治，建立了强大的帝国，人称"三大帝"。

经过数十年的治理，大清国、法国、俄国，先后成为世界强国、一代霸主。然而，万万没有想到的是，大清帝国，在"康乾盛世"之后江河日下，再也无法跻身于世界强国之林。

什么原因，造成了大清帝国的衰落？

1699 年，法王路易十四制定章程，法国皇家科学院正式成立。

1725 年，俄国沙皇彼得大帝降旨，设立彼得堡科学院。

德国数学家莱布尼茨曾致信康熙皇帝，陈述中国应该成立科学院。于是 1692 年，康熙皇帝降旨，设立宫廷画院——如意馆。

康熙五十二年（1713 年），康熙皇帝发布圣谕，在御园蒙养斋设立"算学馆"，翻译西方历算著作；组织数学专家，编写《律历渊源》等书籍。

蒙养斋，西方人称为"大清皇家科学院"。

法国、俄国国家科学院，后成为国家调整发展的中枢机构，为两国培养了大量科技人才，他们走在科技发展的前列，成为发展科学事业、繁荣国家经济、引领帝国富强的中坚力量。

康熙皇帝设立的如意馆是宫廷画师的绘画机构，主要是描绘宫殿、人物、山水，供皇帝娱乐；皇家蒙养斋是皇家学习科学的机构。

康熙皇帝网罗了大量科学人才，主要包括：宫廷画家、雕刻家、钟表匠、铜匠、工匠等，他们教授科学，制造仪器。可惜，"大清帝国科学院"仅仅限于高高红墙；科学培养，仅仅限于皇家子孙和八旗世家子弟；科学艺术，又仅仅限于皇帝自娱自乐，逍遥自在，并未给整个国家带来数学的复兴和科学的进步。

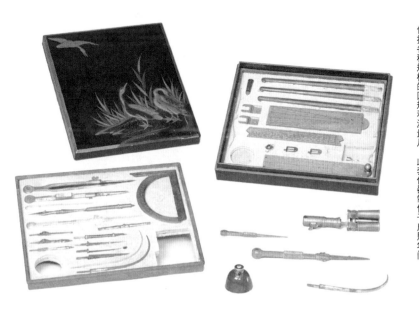

◀ 黑漆盒绘图仪器
现收藏于北京故宫博物院。包括各种规格的圆规和测量尺，此套仪器制作于康熙年间。

苏麻喇姑

苏麻喇姑出生于牧民之家，以后来的孝庄文皇后的侍女身份，以其才干和忠诚，历经四朝，参与清室政治，参与清朝冠服诸制，参与皇子教育和养育，成为皇室的自家人，以另类大女主的身份，走完了九旬人生。

苏麻喇姑（约1612—1705年），蒙古族人，本名苏茉儿，蒙古语音译，意思是"毛制的长口袋"。康熙年间，改称满名苏麻喇，意思是"半大口袋"。她病逝后，宫中上下皆尊称她为苏麻喇姑。

苏麻喇姑出生在科尔沁草原的一个贫苦牧民家庭，生于明万历四十年（1612年）前后。苏麻喇姑聪明伶俐，很小就被科尔沁贝勒府看中，选进府中，成为贝勒寨桑的二女儿布木布泰的贴身侍女。这位二小姐，就是后来的孝庄文皇后。

后金天命十年（1625年），布木布泰由其兄长吴克善护送，经过长途跋涉，来到后金都城盛京。后金大汗努尔哈赤举行仪式，为第八子皇太极成婚，当时，皇太极34岁，布木布泰13岁。苏麻喇姑14岁，作为布木布泰的贴身侍女，跟随主人，陪嫁来到盛京。她在宫中一直陪伴着布木布泰，学习文化，熟悉礼仪。她头脑聪明，刻苦努力，精确地掌握了满语、蒙古语，并写得一手漂亮的满文。后来，她还担任康熙皇帝的启蒙老师。她跟随在布木布泰身边，将日常起居、屋里屋外诸事，处理得利索妥帖、井然有序；她忠诚能干，获得了布木布泰的宠信，经常放手大胆地交给她十分重要的工作。

崇德元年（1636年），清廷着手厘定清朝上下冠服诸制。物色人选时，庄妃推荐苏麻喇姑参与其事。苏麻喇姑擅长女红，熟悉蒙古族服饰且了解汉族、满族服饰。根据清廷的要求，她领会了服制内涵，参与设计，在继承传统式

清代皇家服饰

选自《皇朝礼器图式》，现收藏于加拿大阿尔伯塔大学博物馆。
清代皇帝服饰可分为三大类：礼服、吉服和便服。图示为皇帝、皇后、太后、皇子福晋、贝勒的服饰。

◀ 皇帝冬朝服（一）

◀ 皇帝冬朝服（二）

155

157

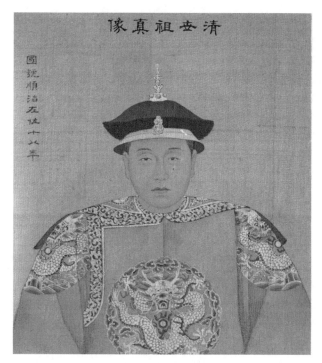

样的基础上，吸收满、蒙、汉等北方各族服饰之长，研究、创新，出色地完成了任务。

崇德八年（1643年），皇太极驾崩。当时，孝庄皇太后年仅31岁，其子福临刚刚6岁。经过孝庄皇太后的精心谋划，福临登基称帝。当时，朝中大权都掌握在摄政王多尔衮手中。年幼的顺治皇帝，需要母后孝庄的指点。按照宫规，他们母子二人每月只能见一次面。这样，孝庄皇太后与顺治皇帝之间的秘密联络，就由苏麻喇姑来担任。

顺治元年（1644年），清军入关，定都北京。苏麻喇姑跟随孝庄皇太后到达北京，进入紫禁城。

顺治十一年（1654年），玄烨降生。孝庄皇太后命苏麻喇姑前往玄烨宫，照料孙儿，"手教国书"。玄烨称：幼时，"赖其训迪，手教国书"。

顺治十二年（1655年）十一月，清宫流行天花。皇帝和诸皇子，凡没出过天花者，全部到紫禁城外避痘。玄烨住进紫禁城西华门外、今北长街路东

▲ 清　佚名　孝庄文皇后便服像

的一所宅第，雍正时改名为福佑寺。

此期间，苏麻喇姑每天骑着马，往来于慈宁宫孝庄皇太后住所和玄烨避痘所之间，按照孝庄皇太后的要求，对玄烨进行施教。

康熙皇帝晚年时，回忆称："世祖章皇帝因朕幼年时，未经出痘，令保母护视于紫禁城外。父母膝下，未得一日承欢。"康熙皇帝幼年在宫外避痘，父皇逝世前不久才出痘痊愈，重返皇宫。

康熙二十六年（1687年），孝庄皇太后病逝。苏麻喇姑受到精神打击，陷入极度的悲伤、孤独之中。这时，苏麻喇姑70多岁。康熙皇帝决定将庶妃万琉哈氏（定妃）所生皇十二子胤祹，交由苏麻喇姑抚养。

按清宫惯例，只有嫔以上内廷主位才有资格抚养皇子。让苏麻喇姑抚养皇子，表明康熙皇帝对苏麻喇姑十分信任、敬重。

康熙四十四年（1705年）九月初七，苏麻喇姑逝世，享年94岁。康熙皇帝降旨，为她举行了隆重的葬礼，将她安葬于清东陵风水墙外东南方向新城，其陵寝规格依照嫔的等级建造。

苏麻喇姑一生未嫁，将自己的一生全部奉献给了清朝皇室，先后历经五朝，还帮助孝庄皇太后培养了一代名君康熙皇帝，真乃历史上少有的奇女子。

年妃是第一位汉女皇贵妃？

敦肃皇贵妃年氏

敦肃皇贵妃（？—1725 年），年氏，雍正皇帝宠爱的妃嫔之一，康熙朝湖广巡抚、雍正朝太傅、一等公年遐龄之女。

年妃出生于湖北武昌府，汉人，是清朝第一位汉族血统出身之贵妃、皇贵妃。

雍正皇帝在藩邸时，年氏为侧福晋。康熙五十四年（1715 年）三月十二日，生皇第四女。康熙五十九年（1720 年）五月，生皇七子福宜。康熙六十年（1721 年）十月，生皇八子福惠。雍正元年（1723 年）五月初十，生皇九子福沛。

从档案记载上看，年氏首次生育直到去世，共计生育 3 子 1 女，包揽了雍正皇帝十一年间的所有皇家子嗣。

椐档案记载，年氏原隶汉军镶白旗。后来，年氏得宠，雍正元年（1723 年），全族一百七十余丁奉旨抬入满洲镶黄旗。

康熙四十八年（1709 年），皇四子胤禛获封雍亲王，年家所在佐领划归于雍亲王属下，成为雍王府属人。康熙五十年（1711 年）后，年氏以致休湖广巡抚年遐龄之女的身份，由康熙皇帝指婚为雍亲王侧福晋。雍正元年（1723 年），年氏封为贵妃，其地位仅次于皇后乌拉那拉氏。

后来，乾隆皇帝口谕称："从前，皇考时，册封敦肃皇贵妃为贵妃，公主、王妃、命妇等俱曾行礼。"可见，雍正元年册封礼中，年妃获得了至尊礼仪：公主、王妃、命妇俱行礼。

当时，和年氏在藩邸并肩册封的另一位侧福晋李氏，入王府比她早，年龄比她大，却无此殊荣，只封为齐妃。

年氏清瘦，身体很虚弱，雍正皇帝曾说她"素病弱"。

据《雍正朝朱批谕旨》记载：年氏善解人意，一直受到雍正皇帝的宠爱。怀皇九子时，恰逢康熙皇帝大丧，举哀行礼，数不胜数。当时，她怀有身孕，疲惫不堪，动了胎气，导致七个月小产。不过，小产之胎儿，仍然被雍正皇帝爱重，破例计入宗牒，列为皇九子，命名福沛。

雍正三年（1725年）十一月初，贵妃年氏病重。八日壬寅，因"皇考升遐倏周三载"，必须谒祭景陵。雍正皇帝自北京郊外圆明园起驾，赶赴河北遵化。当时，年贵妃"不怿"请留，未能随驾前行。十四日戊申，皇帝一路长途跋涉，回銮京城，准备冬至祭天大典。祭天斋戒期间，雍正皇帝依然牵挂病势已危的贵妃年氏，"深为轸念"。同年十一月十五日，雍正皇帝降旨，将贵妃年氏加封为皇贵妃。

隆重葬礼

年氏，是雍正朝唯一拥有贵妃、皇贵妃诏书册封的后妃。

雍正三年（1725年）十一月十八日壬子，祭天仪式一结束，雍正皇帝降旨停免次日太和殿百官冬至大朝贺，当日立即返回圆明园。

接着，一连五日，除十九日甲午发出关于各省缉盗与蠲免江南四县赋税的两道上谕之外，《起居注》中不见任何与皇帝处理政务相关的记载。

雍正三年（1725年）十一月二十三日，皇贵妃年氏薨于圆明园，赐谥号为"敦肃皇贵妃"。

年氏去世，雍正皇帝非常伤痛，降旨辍朝五日，举行隆重的皇贵妃丧礼。

年氏的葬礼十分隆重，仅仅金银锭一项，五天之内便动用银锭九万七千五百个。当时，一锭银子，值银十两。根据换算，清朝之时，一两银子大约等于现在的200元。这场超级豪华的葬礼，花费的银子相当于现在的2亿元！

皇贵妃丧礼期间，雍正皇帝心情悲痛，脾气暴躁。

据《汉文谕旨》等文献记载：年氏丧礼期间，皇帝遣七个近支王公为皇贵妃穿孝。诚亲王允祉、廉亲王允禩、怡亲王允祥等诸兄弟亲王，及奉恩将军以上之宗室，民公、侯、伯以下，四品以上之百官，皆被要求朝夕三次齐集举哀；并且，步行奉移皇贵妃金棺，由圆明园至十一公里之外的十里庄停殡之所。

据《雍正朝起居注册》记载：年氏丧礼，在清朝，皇贵妃丧礼仪式属规格最高的，仪仗规模高于《大清会典》之定例。但是，雍正皇帝仍然很不满意，指责礼部相关人等，"仪仗草率"，从尚书至侍郎四人俱被议罪，并着降二级留任。

雍正皇帝宠爱年氏，在册封上谕中大力赞美她的品性："秉性柔嘉，持躬淑慎。在藩邸时，事朕克尽敬慎，在皇后前小心恭谨，驭下宽厚平和。皇考嘉其端庄贵重，封为亲王侧妃。朕在即位后，贵妃于皇考、皇妣大事悉皆尽心力尽礼，实能赞儴内政。"

年妃死后，雍正皇帝日夜思念，不能自拔。雍正皇帝下旨，命宫廷画师依照年妃画像，画十二张美人图在屏风之上并将这些屏风放进自己的书房，日夜相对。

根据清宫内档记载，八阿哥福惠，于雍正初年时，由贵妃本人亲自抚养。按照清宫惯例，皇子降生，生母不能亲自抚养亲子。年妃打破了满洲百年惯例。皇贵妃薨逝后，雍正皇帝破例将八阿哥养于身边。据清宫传教士记载，皇帝走到哪里，都要带着小皇子。朝鲜使臣推测，这位小皇子一定是皇帝属意的储君人选。

雍正四年（1726年），清内府珍贵的铜活字版《古今图书集成》问世。这套巨著是雍正时期标志性的文化盛事，是雍正皇帝留下的最大文化成就。当时，武英殿奉旨印刷，限量版，有两个版本：一是珍贵的限量宫廷棉纸版，二是普通的竹纸版。

雍正皇帝看重此书，将其赏赐给兄弟、皇子和重要大臣。其中，皇八子福惠是皇子中唯一获得宫廷棉纸版《古今图书集成》的；弘历（乾隆皇帝），只获得了普通竹纸版书。

雍正六年（1728年），福惠8岁，不幸去世。雍正皇帝十分伤心，悲痛不已。据《清世宗实录》记载，雍正皇帝称"诸王大臣无不为朕痛惜"，下令"照亲王例殡葬"。当时，葬礼隆重，打破了清宫幼殇皇子的先例，并加入了引幡仪式。

《清高宗实录》记载：乾隆皇帝追封福惠为亲王时，说："朕弟八阿哥，素为皇考所钟爱"。

雍正八年（1730年），雍正皇帝大怒，因雍正三年皇贵妃丧事"推诿不前"，福惠去世时有"喜色"，惩治了其时唯一尚在之兄长诚亲王允祉"恶逆之罪"。皇帝因妃嫔丧事而治罪亲兄弟，这在清朝是十分罕见的。

乾隆二年（1737年），敦肃皇贵妃金棺随同雍正皇帝、孝敬皇后梓宫，同日葬入泰陵地宫，年氏棺位置于皇帝左侧。

皇贵妃死后仅仅一个月，年氏哥哥年羹尧就被议罪。但是，皇贵妃依旧获得葬入泰陵的殊荣。雍正五年（1727年），皇贵妃于湖广巡抚任上致休二十余年的父亲年遐龄去世，雍正皇帝特谕：还其太傅职衔（雍正二年所加），特恩致祭一次。

年父于雍正二年（1724年）初推恩其子年羹尧军功，获封之一等公。这等爵位是清朝非宗室外藩之最高封爵。但是，档案史料中未见夺爵或降爵记载。

皇贵妃长兄年希尧，雍正四年（1726年）正月起，擢升总管内务府大臣。随后，累加官职：管理淮安板闸关、江海关、宿迁关等关税务之榷税要职。雍正十二年（1734年），官至监察京城百官之从一品左都御史。

年氏家族除年羹尧一脉获罪之外，其余亲人未受牵连，在雍正朝屡获加恩。

🔺 观书沉吟

🔺 立持如意

▲倚门观竹

▲消夏赏蝶

烛下缝衣　　　　　桐荫品茶

▲ 博古幽思

▲ 倚榻观雀

△ 持表对菊

△ 捻珠观猫

裘装对镜　　　　　　　　　　　　　　烘炉观雪

乾隆皇帝一生最惦念长春宫

福宫

清雍正五年（1727年）七月，通过选秀，富察氏被册为皇四子弘历的嫡福晋，时年16岁。乾隆二年（1737年）十二月初四，弘历身穿礼服，亲御太和殿，册立富察氏为皇后。与此同时，乾隆皇帝恩及王公贵戚：皇室从王公以下，至奉恩将军、闲散宗室，民之公、侯、伯以下至二品以上之命妇，都加恩赏赐；八旗满洲、蒙古、汉军40岁以上从小系为夫妇者，也一体给予恩典；除十恶、谋杀等不赦之犯以外的犯法妇女，一律赦免。

长春宫，明代天启皇帝以前，称为永宁宫。天启皇帝在位时，因为宠爱李成妃，特地下旨修葺此宫，改名为长春宫，赐赏李成妃居住。当时，天启皇帝与乳母客氏关系暧昧，客氏恃宠而骄，横行宫中，使尽种种手段，让张皇后失宠，并残酷地饿死了即将临产的张裕妃，还残忍地将范慧妃打入冷宫。

最后，客氏打算狠毒地收拾居住在长春宫的李成妃：她以皇帝的名义下旨，断绝李成妃的所有饮食。聪明的李成妃早有准备，预先在墙角、屋壁间储存了一些粮食。过了好些时日，李成妃没有被饿死，客氏觉得十分奇怪，疑惑不解。于是，宫内人都觉得这长春宫一定是一座福宫，有天神保佑。

最后，相信长春宫为福宫的客氏只得拿出撒手锏：又以皇帝圣旨的名义，废李成妃为宫女，将她赶出长春宫。李成妃离开长春宫时正是一个寒冷的风

⬥ 长春宫

⬥ 长春宫内景

▲ 长春宫正殿宝座

雪天，她面色苍白，众宫人默默地为她流泪，为她伤怀。

乾隆皇帝很清楚这段往事，他知道这风景雅致的长春宫是一座福宫，也知道当时流传宫中的一首宫词：

> 众中自恃独承恩，锦帐宵分夜语频。
>
> 回首繁华成往事，萧萧雪霰别长春。

乾隆皇帝宠爱富察氏，特地将长春宫赏赐给她居住。

乾隆皇帝在长春宫的前殿亲自御书大匾：敬修内则。大匾悬挂于大殿正中。每年年节的时候，长春宫的西壁上悬挂着《太姒诲子》的宫训图——西周开国之君周武王的母亲太姒教诲儿子的故事。乾隆皇帝亲自撰写《太姒诲子赞》，让大臣梁诗正墨笔抄写，悬挂在东壁之上。

伉俪情深

乾隆皇帝原配是皇后富察氏，富察氏具有女性的优良品德：

1. 天性仁孝，为人温和。

2. 文静朴素，衣着、饮食都很节俭。

3. 很少涂脂抹粉，从不穿金戴银、佩饰珠翠。她的衣着十分整洁，偶尔以通草绒花为饰。

4. 心灵手巧，每年她都按关外的传统，亲手用鹿羔细皮绒缝制荷包，送给皇帝，以此表示永不忘本。

乾隆皇帝和她感情很好，伉俪情深。

大学士阿桂讲了一件亲历之事，足见他们夫妇笃爱之情：乾隆皇帝壮年时，身上有毒，长了一个痈，十分难受。御医细心诊治，快好了时，特别叮嘱：要休养一百日，元气才可恢复。皇后知道以后，二话不说，立即搬到皇帝寝宫外居住，朝夕亲自奉侍，不离皇帝左右半步。直到一百天，皇后这才搬回自己的寝宫。

皇后是后宫的主人，负责统摄六宫之事：对上孝敬、伺奉皇太后，朝夕承欢太后膝下，让太后满意；日常要侍奉皇帝，过问皇帝的饮食起居；对下要抚视后宫嫔妃，照料诸位皇子的生活和学习，处理后宫一应事务。

富察氏细心周到、为人谦逊，后宫上下左右，从皇太后到诸宫嫔妃，再到宫女太监，无一不心服口服，赢得一片赞扬之声。

富察氏皇后令人敬佩的，除了克己复礼，还有就是两个字：孝和贤。

乾隆皇帝很感念皇后，称她为贤内助。乾隆皇帝曾对侍臣们由衷地说："朕之得以专心国事，有余暇以从容册府者，皇后之助也！"意思是说：我之所以能够很专心地处理国家事务，有很多空闲的时间从事文化活动，全得力于皇后啊！乾隆皇帝还说："历观古之贤后。盖实无以加兹"。

天遂人愿，皇后富察氏先后生下了二男二女。可惜的是，天妒红颜，她的两个儿子先后夭折。

长子（乾隆皇帝的第二个儿子）永琏，乾隆皇帝疼爱有加，将他内定为皇位继承人。乾隆三年（1738年）永琏去世，时年9岁。

雍正八年（1730年）六月二十六日，富察氏生弘历次子，雍正皇帝亲自赐名为永琏。弘历在乾隆元年（1736年），把永琏密定为皇太子，当时乾隆皇帝26岁。两年后，永琏偶感风寒。乾隆三年（1738年）十月十二日巳刻，夭亡，年仅9岁。为此，乾隆皇帝五天没有临朝。临朝后，他让人公布密旨："永琏乃皇后所生，朕之嫡子，聪明贵重，气宇不凡。皇考命名，隐示承宗器之意。朕御极后，恪守成式，亲书密旨，召诸大臣藏于乾清宫正大光明匾后，是虽未册立，已命为皇太子矣。今既薨逝，一切典礼用皇太子仪注行。"旋册赠皇太子，谥端慧，后功令讳其名"琏"字。按皇太子之礼为永琏隆重举丧，弘历还多次亲临祭奠。

乾隆皇帝为皇太子选定陵址后，又花费3056两白银搬迁居民，占地二顷七十三亩，成为永琏的墓地。乾隆皇帝从内务府拨银168235两，为永琏修建太子园陵。按制，帝后之陵，清明、中元、冬至、岁暮，钦派王大臣亲祭。乾隆皇帝吩咐，年仅9岁去世的永琏，同制。

更加特别的是：嘉庆皇帝立为太子时，乾隆皇帝以端慧皇太子先曾密立，

清　佚名　清高宗孝贤纯皇后朝服像

🔺 清嘉庆四年（1799 年）孝贤纯皇后碧玉册

现收藏于中国台北故宫博物院。

已有名分，非因以弟拜兄之故，命其向端慧太子行叩拜之礼，载入会典。

次子永琮（乾隆皇帝的第七个儿子），长得聪慧可爱，极像幼年的弘历，乾隆皇帝也曾将他内定为诸君。遗憾的是，乾隆十二年除夕，永琮竟然因出痘而去世！这一年，皇后富察氏 36 岁。

乾隆十一年（1746 年）正月，皇后富察氏怀孕，乾隆皇帝并未按照惯例前去圆明园"山高水长"处度上元节，观看烟火，而是破例留在紫禁城，陪伴她们母子。当年佛诞日（农历四月初八），皇后生下皇七子。久旱之后，当日，大沛甘霖。乾隆皇帝十分欣喜，倍感天恩眷顾。乾隆皇帝赐名永琮，定为皇位继承人。乾隆皇帝格外钟爱皇七子，"性成凤慧，歧嶷表异，出自正嫡，聪颖殊常"。可惜，因为出痘，于乾隆十二年（1747 年）腊月二十九日身亡，未满 2 岁。乾隆皇帝悲痛万分，降谕曰："先朝未有以元后正嫡绍承大统者，朕乃欲行先人所未行之事，邀先人不能获之福，此乃朕过耶！"乾隆皇帝赐谥悼敏，命皇七子丧仪应视皇子为优，葬端慧太子陵园内。嘉庆四年

（1799年），追赠哲亲王。

皇长女（1728—1729年），雍正六年（1728年）十月初二子时生，雍正七年（1729年）十二月二十七日戌刻殇，未封。

和敬公主，生于雍正九年（1731年）五月二十四日，薨于乾隆五十七年（1792年）六月二十八日。乾隆十二年（1747年）三月，和敬公主下嫁蒙古科尔沁部博尔济吉特氏辅国公色布腾巴勒珠尔。本来，公主下嫁蒙古王公应当离京。但是，乾隆皇帝不忍爱女远嫁而破例，准其留驻京师，破例享受1000两俸银。和敬公主薨后，其遗体葬于北京东郊东坝镇附近，与色布腾巴勒珠尔合葬。和敬公主衣冠，埋于自己的领地，即公主陵。按照清朝惯例，只有皇帝之墓称陵，称公主陵的原因有三：一是乾隆皇帝宠爱，二是其夫战功卓著，三是葬于科尔沁领地，距京遥远，称"陵"可提高其地位。

和敬公主所生之子，极受乾隆皇帝宠爱。清人姚元之《竹叶亭杂记》记载，乾隆皇帝亲自为公主之子命名为鄂勒哲依特木尔额尔克巴拜，共12字，为古代最长之名，意思是有福有寿的铁宝贝。"王为大长公主长子，上爱之。幼时期其有福有寿，结实如铁，而又珍之若宝贝，故以是名之。鄂勒哲依，蒙古语有福之谓也。'哲依'二字急读，音近追上声。特木尔，有寿也。额尔克，铁也。巴拜，宝贝也，音读若罢摆。"

令妃家族

乾隆皇帝令妃的进阶史，没有靠家世，没有靠攀附大树，全凭自己奋斗，从内务府卑微的汉军旗包衣奴才，到皇贵妃，再到母仪天下的皇太后，她让汉人的血脉进入皇帝的身体，小说都不敢这么写，所以描写她的电视连续剧《延禧攻略》直接起名"攻略"。

孝仪纯皇后魏佳氏

孝仪纯皇后（1727—1775年），内管领魏清泰的女儿，原属正黄旗满洲包衣，被乾隆皇帝抬入镶黄旗满洲，即"抬旗"，比乾隆皇帝小16岁。

据宫廷档案记载，乾隆十年（1745年）正月，魏佳氏18岁，进宫先封为贵人，后封为嫔，为三嫔之一（即令嫔、舒嫔叶赫那拉氏、怡嫔柏氏）。按照清宫内务府选秀规定，入选宫女应在13岁到17岁之间。因此，推测魏佳氏可能是在乾隆六年（1741年）左右选秀进宫，但至今并未发现魏佳氏曾为宫女的记载。因其隶属内务府，应是通过内务府选秀入宫，成为皇帝的嫔妃。宫廷档案、史料中，魏佳氏晋封用了"充"字，因为在后宫中，贵人、常在、答应，均属低品级。

魏佳氏温柔贤慧，容貌美丽，深得乾隆皇帝的喜爱，乾隆皇帝亲自赐封其为"令嫔"。"令"字，语出《诗经·大雅》："如圭如璋，令闻令望。"在中国古语中，"令"是美好之意。根据《鸿称通用》记载，魏佳氏之封号"令"，对应的满文是"mergen"，意思是，"聪明的，睿智的"。

从《清实录》记载上看，晋封之时，魏佳氏位列众嫔之首，排列在家世、资历远远胜过她的舒嫔之前。应该说，这是乾隆皇帝的安排，自然代表一种极大的荣宠。

乾隆十三年（1748年），魏佳氏晋升为令妃。此时，魏佳氏在乾隆皇帝后宫之中，位次仅次于乾隆皇帝的潜邸旧人。

此时，乾隆皇帝后宫中：孝贤皇后富察氏，已经病故；继皇后辉发那拉氏，因为断发风波失宠，乾隆皇帝下令收回了皇后四份宝册，不废而废；魏佳氏以皇贵妃之尊，统摄六宫之事，代行皇后之责，长达十年之久。

乾隆皇帝对魏佳氏十分宠爱。乾隆二十二年（1757年）正月，乾隆第二次南巡，令妃随驾南巡。乾隆二十四年（1759年），魏佳氏被晋封为令贵妃。乾隆二十七年（1762年）正月，乾隆皇帝第三次南巡，令贵妃随驾南巡。乾隆三十年（1765年）正月十五日，乾隆皇帝第四次南巡，令贵妃随驾南巡；五月初十，晋封38岁的魏佳氏为皇贵妃；六月十一日，行皇贵妃册封礼。乾隆三十六年（1771年）二月，皇贵妃随驾东巡泰山及曲阜。

根据《军机处随手登记档》记载："三月初三日……又德保恭请皇太后皇贵妃安折各乙件。""各乙件"，说明折子是分开上的，单独呈给时为皇贵妃的魏佳氏。

上请安折子之人名叫德保，时为广东巡抚，出身于内务府世家索绰络氏，以进士入仕，官至礼部尚书。他的女儿曾是在皇贵妃（时为令妃）宫中学规矩的瑞常在，后来晋封瑞贵人。上这道请安折时，瑞贵人已去世五年。

魏佳氏是清朝唯一一个非太后、非皇后，受到官员，特别还是外省官员上请安折之内廷主位。

乾隆四十年（1775年）正月二十九日，皇贵妃薨，终年49岁；二月十一日册谥"令懿皇贵妃"。同年十月二十六日，皇贵妃金棺奉安裕陵。

乾隆六十年（1795年）九月初三，乾隆皇帝宣示皇十五子永琰为皇太子；同时，追封皇太子之母令懿皇贵妃魏佳氏为孝仪皇后。乾隆皇帝亲自拟定谥号"仪"："仪"为阴，为地；"乾隆"年号，"乾"为阳，为天，两者契合，

清　佚名　清高宗孝仪纯皇后朝服像

阴阳互印。家庭之中，"两仪"指父母双亲。"仪"，在国，为中宫、为母后；在家，为母亲。

嘉庆二年（1797年），乾隆皇帝下旨，命嘉庆皇帝在他去世后，将他和孝仪皇后两人的神牌放在养心殿东佛堂佛龛一起供奉。

嘉庆四年（1799年）九月，追上尊谥曰"孝仪恭顺康裕慈仁翼天毓圣纯皇后"；嘉庆二十五年（1820年）十二月，加上"端恪"二字；道光三十年（1850年）四月，加上"敏哲"二字，全谥为"孝仪恭顺康裕慈仁端恪敏哲翼天毓圣纯皇后"。

获得大清皇室的格外垂青

乾隆皇帝在御制诗中，曾透露魏佳氏是孝贤皇后玉成于他的伴侣。他在《孝贤皇后陵酹酒》诗中写道：

> 草犹逮春绿，松不是新栽。
> 旧日玉成侣，依然身傍陪。

乾隆皇帝自注："令懿皇贵妃，为皇后矜教养者，今并附地宫。"

从宫廷档案史料记载上看，雍正、乾隆时期，魏佳氏家族渐渐发迹，已经是内务府中等官僚家族——魏佳氏的曾祖父名叫嗣兴，任护军校；祖父名叫武世宜，初任内管领，后来升至内务府总管。魏佳氏祖父时期，家族兴旺，已经拥有一定的光耀门第的实力。魏佳氏的祖母和母亲，在雍正元年（1723年）册立皇后、册封妃嫔时，曾担任宣册宝文女官。

乾隆十六年（1751年），魏佳氏父亲清泰去世。乾隆皇帝特派皇后弟弟、著名大臣傅恒，为魏佳氏解决了娘家兄弟的职位、住房、债务问题。乾隆皇帝还特地赏赐房屋、土地，作为以后家里的额外收入来源。

⬆ 清　佚名　傅恒朝服像

富察·傅恒（约 1720—1770 年），清高宗孝贤纯皇后之弟，乾隆时期曾任侍卫、总管内务府大臣等多项要职，也是清朝著名将领，参加过大金川之战、平定准噶尔部叛乱之战。

10年间为乾隆皇帝生了6个子女

乾隆皇帝有四十多位有名分的嫔妃，令妃是生育子女数量最多的一个：乾隆二十一年（1756年）至乾隆三十一年（1766年），十年时间里，她先后为乾隆皇帝生下四子二女；其中包括皇十五子永琰，也就是以后的嘉庆皇帝。十年美好光阴，生育六胎，可想而知，令妃非常受宠。

令妃的子女包括：

1.七公主

乾隆二十年（1755年）十二月初六日，乾隆皇帝赏赐魏佳氏的家人房子和土地——据推测，是魏佳氏怀孕之故。第二年二月，乾隆皇帝自宫中搬到圆明园长住，怀孕的魏佳氏随驾。

乾隆二十一年（1756年）七月十五日，七公主在五福堂降生——乾隆皇帝小时曾在五福堂生活过。七公主降生，乾隆皇帝喜出望外，等待七公主满月之后，八月十七日，才肯动身前往热河。乾隆二十九年（1764年），乾隆皇帝便将其指配给超勇亲王策凌之孙拉旺多尔济。

乾隆皇帝十分宠爱七公主。乾隆三十五年（1770年），尽管魏佳氏还是皇贵妃，但乾隆皇帝破例封14岁的七公主为固伦和静公主，让七公主带着皇后所出之女的尊荣，嫁给额驸。他还特别吩咐帮七额驸拉旺多尔济争家产、开当铺，让七额驸袭亲王爵位。七额驸父母去世后，乾隆皇帝舍不得女儿远去守孝，降旨留京，进行百般阻挠。

然而好景不长，乾隆四十年（1775年）正月初十，七公主薨，年仅20岁。魏佳氏皇贵妃也在长女逝世后的第十九天，薨逝。

2.皇十四子

乾隆二十二年（1757年）七月十七日，皇十四子永璐出生；乾隆二十五

清　佚名　《弘历岁朝行乐图》

现收藏于北京故宫博物院。画面描绘的是春节期间，乾隆皇帝陪儿子们玩耍取乐的温馨场景。

年（1760年）三月初八日，因皇子种痘，殇折于圆明园"天然图画"，年仅4岁。

十四阿哥出生当日，乾隆皇帝正在圆明园。乾隆二十二年（1757年）正月，乾隆皇帝第二次南巡，魏佳氏奉旨随驾。南巡途中，正是她怀孕的时候，她仍然被乾隆皇帝带在身边。乾隆二十二年七月十八日，十四阿哥出生次日，乾隆皇帝才自圆明园启程动身去热河。

3. 皇九女

乾隆二十三年（1758年）七月十四日，皇九女出生。十三年后（乾隆三十六年，1771年），九公主受封为和硕和恪公主。九公主14岁时，下嫁乌雅氏协办大学士兆惠之子、一等武毅谋勇公札兰泰。

乾隆四十五年（1780年）十一月十九日，皇九女薨，年仅23岁。九公主去世三个月后，乾隆皇帝将她的女儿接进宫中抚养。

4. 皇十五子

据《红箩炭档》记载，乾隆二十四年（1759年）闰六月初十，令妃遇喜添炭，添守月姥姥。九月二十四日，令妃遇喜添炭停止，守月姥姥添炭停止。宫廷档案说明，此时，令妃已经小产；小产时，令妃大概已经怀孕八个月。

乾隆二十五年（1760年）十月初六丑时，于圆明园"天地一家春"，皇十五子永琰出生，即嘉庆皇帝。乾隆三十八年（1773年）冬至节，乾隆皇帝秘密立储：密立13岁的皇十五子永琰为皇储。次年，永琰大婚，娶和尔经额之女喜塔腊氏为福晋。

宫廷画师所绘《塞宴四事图》，描绘的是乾隆二十五年（1760年）九月初九，乾隆皇帝举办塞外宴会时的情景。画中被人搀扶的女子，正是当时怀着十五阿哥的魏佳氏。

5. 皇十六子

乾隆二十七年（1762年）十一月三十日，皇十六子出生；乾隆三十年（1765年）三月十七日，因皇子种痘，殇折于"碧桐书院"，年仅4岁。

乾隆二十七年正月到五月间，乾隆皇帝第三次南巡江浙，魏佳氏奉旨随驾。在南巡途中，魏佳氏怀孕。这一年七月，乾隆皇帝按照惯例，启程前往热河围猎。魏佳氏因怀孕已有六个月，并未随驾。但是，九月十六日，乾隆皇帝返京，还未回到圆明园，只是驻跸在南石槽行宫时，就把魏佳氏接到身边一起用膳。

6. 皇十七子

乾隆三十一年（1766年）五月十一日子时（约夜里十一点），皇十七子永璘出生。乾隆五十四年（1789年），封多罗贝勒。嘉庆四年（1799年），晋庆郡王。嘉庆二十五年（1820年），封和硕庆亲王。同年薨，时年55岁。

乾隆三十年（1765年）七月至十月，乾隆皇帝在热河行宫围猎。当时，根据档案记载，皇贵妃魏佳氏奉旨随驾。因此，魏佳氏这次随驾，依然是在途中怀孕。回宫以后，乾隆皇帝吩咐修缮皇后才有资格居住的养心殿东耳房，更换增添了许多布置，给皇贵妃回宫后居住和养胎所用。

魏佳氏在乾隆二十一年至乾隆三十一年的十年间，先后为乾隆皇帝生下四子二女。时间间隔如此之短，生育子女如此之多，足见宠幸之隆。

◀《乾隆皇帝围猎聚餐图》轴

清　郎世宁　现收藏于北京故宫博物院。
画面描绘的是乾隆十四年（1749年）乾隆皇帝在猎场狩猎结束后，等待享用战利品的画面，乾隆皇帝每年都要到木兰围场或南苑狩猎，以练习骑射。

皇子的学习生活及其师傅们

尊师重道

乾清门内东侧廊房，是清雍正以后皇子们上学的学堂，称为上书房。"上书房"，宫中档案、史料称为"尚书房"。康熙皇帝在位时，乾清宫是皇帝的寝宫，皇子读书之地位于皇宫西南的南薰殿。雍正时期，雍正皇帝将寝宫迁到养心殿，乾清门内东庑成为皇子们的读书学堂。

清朝皇子，几乎从幼年开始，就在父皇的指导下开始读书生活。皇子6岁时，正式进入上书房读书学习。皇子的老师，称为师傅。皇子师傅，是由翰林院选拔出来的最优秀儒家学者，称为上书房师傅。皇帝选择最倚重的朝廷大臣负责上书房事务，称为上书房总师傅。

雍正时期，雍正皇帝选派鄂尔泰、张廷玉任总师傅。上书房师傅，负责每日授课，教授经史子集、骑射武功。

上书房总师傅，全面负责学堂事务，不负责授课，每月前来督导三次。

上书房开学之日，由钦天监择定吉日确定。开学时，皇子们进入上书房，恭敬地向师傅行拜师礼。拜师行礼采取折中的方式。皇子是天潢贵胄，王公大臣见到皇子，必须行跪拜礼；师道尊严，民间之中，学生拜师，弟子必须向师傅行跪拜礼。

皇家尊师重礼，讲究师道尊严。上书房第一期学生开学时，按照雍正皇

▲ 胤禛读书像

清　佚名　胤禛，康熙皇帝第四子雍正皇帝。

帝的要求，皇子们郑重地向师傅行跪拜礼。上书房师傅们，诚惶诚恐，跪伏在地上，不敢接受。

经过折中，雍正皇帝确定，将礼仪简化：

1. 皇子与师傅，面对面，彼此施以长揖；

2. 平日，上书房师傅见到皇子，不必跪拜，捧手为礼。

课程

皇子第一次上学时的第一件事，就是来到上书房东边拐角之处的一间房子，向"至圣先师"孔子神位恭敬行礼。

每天寅时，皇子们起床。卯时，到达上书房。

上书房的课程主要包括三部分：儒家经书，主要是四书五经；满文、蒙文；弓箭、骑射。

教习满、蒙文者，是在八旗之中翻译出身的优秀人才中选拔的；教习弓箭者，是从八旗参领、佐领之中优秀武功者中选拔的。

上书房门前的空地，是皇子们练习射箭的地方。皇子年龄稍长，跟随皇帝前往京城南郊南海子狩猎习射。每三年举行一次殿试武进士，地点是西苑瀛台校射场，皇子们先行表演骑射。

上书房读书学习，每日以两小时为度。好学的皇子，在读书学习结束之后，常常留在学堂跟随师傅赋诗、写字，直到下午才离开上书房。

学规严格

皇宫教育，十分严格。宫廷之中规矩极多，学规严厉：

宫中要求，所有上课学生必须早睡早起，必须衣冠整洁，必须肃静恭敬；

不许睡懒觉，不许迟到，不许旷课。

所有上课学生，每天早上寅时（4点）起床；简单洗漱完毕，学生到达书房，端正坐姿，开始温习功课。学生凌晨上学，第一件事就是温习功课。

卯时（6点），师傅到达上书房。行过敬师礼，学生入座。师傅检查功课，学生温习课业。然后，开始学习新课：先学满文，后习蒙文，最后读汉文。

午正（12点），上书房学生放学。

学生放学之后，可以留在上书房继续学习。但是，在上书房停留，原则上，到未正（下午2点）；最晚，不能超过申正（下午4点），学生必须离开上书房。

假期

皇子读书，非常辛苦，一年之中，几乎很少休假。

按照规定，宫中皇子的休假时间，一年之中只有2天：腊月二十九日，半天；腊月三十日，半天；元旦1天。

后来，宫中皇子放假的时间放宽，由2天改为6天：万寿节，2天；元旦、端午、中秋，以及皇子本人生日，各1天，共4天。

慈禧太后统治时期，宫中皇子读书，放假的时间更长，约1个月。万寿节6天：太后、皇帝生日，各3天；寒假15天：彩服日（12月21日）——正月初五，放寒假；节日6天：元宵节，正月十三日至十六日，4天；端午节、中秋节，各1天。

处罚

皇家子孙，天潢贵胄，流淌着皇帝的血液。因此，任何人不得侵犯皇家威严：

皇子违犯学规，可以按照规矩处罚，但是，绝对不许罚跪。

每天，皇子读书的时间，从上午至下午，休息1—2次，每次一刻钟；休息时间，由皇子提出，但要师傅允准才行。

如果皇子违犯学规，师傅可以处罚，但是，必须明君臣，明尊卑。

师傅必须遵循两条铁的纪律：

一、可以处罚陪读，不许直接处罚皇子；

二、可以罚书、罚字、罚站，不许罚跪。

上书房的师傅们

皇帝从全国最优秀的儒生之中选择品学兼优、德高望重的大儒，作为皇子的汉学老师，宫中称为师傅。

皇子学习"六艺"，文武兼通，教授师傅主要包括：

汉文师傅，宫中称为师傅，教授儒家经典，主要是四书、五经、十三经；

满文师傅，宫中称为谙达，谙达分为内谙达和外谙达。内谙达，教授满文、蒙古文；外谙达，教授骑马、射箭。

每天上课，次序分明，按部就班。

新课业方面，每天先学习拉弓，反复练习；接着，学习蒙文；然后，学习满文。三项课业，都是谙达教授。

谙达和汉文师傅的身份不同：对于皇家子弟，他们是奴才。因此，所有谙达见到皇子，先长跪请安，恭称奴才。蒙古谙达则站立教授皇子课业。

参与编纂《四库全书》的皇子们

《四库全书》第一任总裁官永瑢

爱新觉罗·永瑢（1743—1790年），自号"九思主人"。多才多艺，工诗、擅画，主要作品有：《岁朝图》《枫溪垂钓图轴》。永瑢生于乾隆八年（1743年）十二月十四日，他是清高宗爱新觉罗·弘历的第六子，生母是纯惠皇贵妃苏氏。

乾隆二十四年（1759年）冬，永瑢17岁，他奉旨过继给乾隆皇帝的二十一叔、慎靖郡王允禧，封贝勒。乾隆三十四年（1769年）十月，奉旨管理内务府事务。乾隆三十七年（1772年）十月，封质郡王。

乾隆三十八年（1773年）九月，乾隆皇帝特别降旨，质郡王永瑢充四库全书馆总裁。乾隆四十四年（1779年）二月，奉旨监管钦天监事务。乾隆五十四年（1789年）十一月，晋封质亲王。乾隆五十五年（1790年）五月初一，爱新觉罗·永瑢薨，享年48岁，谥曰"庄"。

永瑢多才多艺，工诗擅画。他写有不少诗歌作品最后结集，为《九思斋诗钞》。书法方面，他深得宫廷画师徐浩笔意，擅长画花卉，画法古雅、清淡、苍茫、飘逸，兼有少谷、沱江之胜。他的绘画成就较为突出，虽然山水画师法王时敏、大痴黄公望，但是缺少博大之气息，或许是由于天分使然。永瑢早年完成的《岁朝图》，画意过于放纵，画面缺少皇家气息，缺乏内敛。

《枫溪垂钓图轴》是永瑢较为成熟的作品，富有个性和韵味。

《枫溪垂钓图轴》完成于乾隆庚寅年（1770 年）之重九佳节，当时永瑢27 岁。这幅作品较之《岁朝图》仅仅晚了两年。可是，两幅作品有着天壤之别。人们感叹他在绘画创作上为何能够取得如此长足之进步。由此可见，永瑢的确是一位早熟的画家。可惜的是，天不假年，20 年后，永瑢就英年早逝了。

人们最初怀疑永瑢缺少天赋，《枫溪垂钓图轴》证明了他的天分不俗，如果时间许可，他完全可能成为一个绘画大家。他有着深厚的艺术修养，有着精湛的绘画技艺，给后世绘画带来积极而深远的影响。

永瑢去世后，在世上留下了为数不多的绘画。从这些绘画作品中可以清晰地感受到，当时的皇家教育非常严格，学习全面，较为系统，皇子的书法、绘画功底深厚，反映了清皇室和贵族子弟在汉文儒学、文学、艺术诸方面有着较深的造诣。

乾隆皇帝非常赏识自己的第六子永瑢，欣赏他的作品之余，特地题诗："学馀游艺亦功夫"。由此可见，永瑢等诸皇子，在深宫之中接受宫中严格的教育，也接受皇帝严厉的督导。皇六子永瑢，正是在皇权的威慑下，在父皇乾隆皇帝的指导、鼓励下，潜心经史，游艺丹青，远离权力之争，寄心于斗室一隅，移情山水，以作诗绘画，消磨时日。

史家对于永瑢的评价较高，认为他具有政治才干，是一位多才多艺之人。

乾隆三十七年（1772 年），永瑢 30 岁，乾隆皇帝特旨，晋封他为质郡王。随后，乾隆皇帝任命他为《四库全书》正总裁。后来，乾隆皇帝任命他为总管内务府大臣，主持操办乾隆皇帝七旬万寿庆典等。

《四库全书总目提要》，前有《进书表》。乾隆四十七年（1782 年）七月，《四库全书》修成之后，领衔纂修《四库全书》之诸大臣进呈给乾隆皇帝的正式奏折，标志着《四库全书》这部大型丛书正式完成。《进书表》之最后开列了十二位领衔纂修大臣，为首的就是永瑢。

《进书表》后，是《乾隆四十七年七月十九日奉旨开列办理〈四库全书〉在事诸臣职名》。这份职名表是一长串纂修官员名单，包括：正总裁、副总

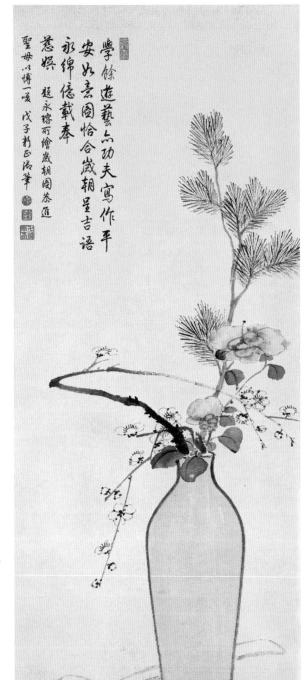

《平安如意图》　清　永瑢　现收藏于中国台北故宫博物院。

學餘遊藝六功夫寫作平
安如意圖恰合歲朝呈吉語
永綿億載奉
慈惲　題永瑢所繪歲朝圖恭進
聖母以博一哂　戊子新正沾筆

《永瑢像》轴　清　华冠　现收藏于北京故宫博物院。

國初傳神葦希逸冠也晚出能
入室移我江南六月天水竹風
荷瀉明恩玲瓏碧樹秋未巳
覺流光向人疾流無情鬚欲
霜十年鵬妹花間堂時方壯
華力銳當此坐解丹青囊玉梅
庶顏音塵各老蒼送殘晚
鏡裏容顏各老蒼笥中給素猶
完好舊圖風景忽成新一笑盧
山面目真萍蹤會有重來候
此畫他年渡成儔
乾隆乙巳　皇六子自題

裁、总阅官、总纂官，以及收掌官、监造官等，共计362人。该份职名表为首的也是永瑢。当时，他的头衔是皇六子、多罗质郡王。

《四库全书》是乾隆皇帝钦定的大型文化工程，是乾隆皇帝稽古右文、标榜盛世的文化大典。为了确保这项大型文化工程顺利完成，乾隆皇帝建立了一套完整、严密、庞大的领导和纂修班子，建立了四库全书馆。这个庞大的领导班子中，总裁是最高指挥官，他必须统筹兼顾，总揽全局，全面协调，左右逢源。

这位总裁必须博览群书、地位尊崇、精明强干。谁来担当重任，领导这个庞大的纂修班子？乾隆皇帝经过深思熟虑，决定由皇六子永瑢充当总裁。由此可见，乾隆皇帝对永瑢何等之器重！

乾隆皇帝器重永瑢，曾经一度，永瑢成为乾隆皇帝考虑的皇位继承人。乾隆五十四年（1789年）十一月，永瑢被封为质亲王，时年47岁。不幸的是，第二年，皇宫之中，正待迎接乾隆皇帝的八旬万寿庆典，五月初一，永瑢不幸病逝，终年48岁。

《四库全书》第二任总裁官永璇

爱新觉罗·永璇（1746—1832年），乾隆皇帝第八子。其生母是淑嘉皇贵妃金氏。其封号是和硕仪慎亲王。乾隆皇帝一度考虑栽培永璇，任命他为《四库全书》总裁。乾隆四十四年（1779年）三月，初封多罗仪郡王。嘉庆四年（1799年）正月，晋封和硕仪亲王，命总理吏部事务，主持清除和珅党羽。同年二月，自请罢去所管部务。嘉庆七年（1802年）十二月，以功劳卓著，嘉庆皇帝降旨，加给其一子贝子爵位。嘉庆十八年（1813年）九月，永璇禁中制贼有功，嘉庆皇帝降旨，开复其所有处分。嘉庆二十五年（1820年）十月，以王属尊行，免宴见行叩拜礼。道光十二年（1832年）八月初七，薨，终年87岁，是清朝最长寿之皇子，谥号曰"慎"。

雍正皇帝即位后，吸取康熙朝建储之后结党营私的经验教训，明确宣布，从此以后，不再明立太子，而是秘密建储：皇帝将心中默定之太子书写两份，一份藏于内廷乾清宫正殿之"正大光明"匾后，另一份由皇帝自己收藏。皇帝明示群臣，太子已立，"国本"已定，天下臣民，尽可安心。

乾隆皇帝即位不久，遵行其父雍正皇帝"秘密建储"之法，密定嫡子永琏为太子。不幸的是，两年之后，永琏病故。后来，乾隆皇帝又先后想立皇五子永琪、皇七子永琮为太子。可惜，这两位皇子同样不能长寿，不幸夭折。

几位皇子都是秘密立储，是由乾隆皇帝经过深思熟虑之后作出的决定：先立永琏为太子，后来想立永琮、永琪为太子。所有这些，都是事后乾隆皇帝向大臣透露的，所以，只有大臣才知道此事。

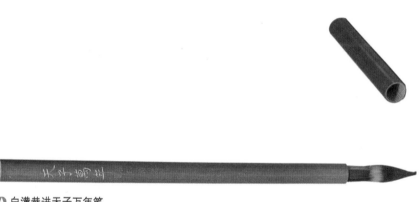

⚫ 白潢恭进天子万年笔

清朝御用文具。

⚫ 剔红蝙蝠纹笔盒

清朝御用文具。

皇五子永琪，死于乾隆三十一年（1766年）三月。从此以后，整整七年，乾隆皇帝一直秘密地在几位皇子之中物色太子人选。

当时，可供物色的皇子共有七人，分为两类：

第一，出继皇子：皇四子永珹、皇六子永瑢，已经出继旁支为嗣；

第二，宫中皇子：五位皇子分别是皇八子永璇、皇十一子永瑆、皇十二子永璂、皇十五子永琰、皇十七子永璘。

永璇年龄较长，乾隆皇帝经过反复考虑，权衡再三，曾经一度考虑器重他，任命他为《四库全书》总裁。然而，永璇不爱读书，举止很轻浮，做事不得体，人缘不太好，因此，乾隆皇帝对他非常失望。有一次，乾隆皇帝公开斥责他不成体统。

乾隆五十四年（1789年）十一月，乾隆皇帝即将八十大寿，经过慎重考虑，他决定册封诸皇子：

第一，皇十五子永琰，封为嘉亲王；皇十一子永瑆，封为成亲王；皇十七子永璘，封为贝勒，较之亲王低两级。

第二，出继慎郡王府之皇六子永瑢，由质郡王晋封为质亲王。

第三，皇八子永璇，乾隆四十四年（1779年）已封仪郡王，此时，未再晋封。

相比之下，皇八子永璇之爵位，反而居于其两位皇弟皇十一子永瑆、皇十五子永琰之下。

这次封爵，可以看出，乾隆皇帝对于诸位皇子的亲疏程度。总体上看，乾隆皇帝最为器重和宠爱的皇子是皇十一子永瑆、皇十五子永琰。

乾隆诸子，绝大多数妻妾成群。然而，只有一人例外，就是皇八子永璇。

永璇，自幼丧母。乾隆皇帝政事繁忙，儿女众多，平时没有时间来陪伴八子，也不可能专门陪他。永璇较为自卑，自幼性格孤僻，内心孤独。他16岁时，一次偶然的机会，让他邂逅了一位让他迷恋一生的女人——王箬筠。这是野史记载的名字，就是后来的侧福晋王氏。王氏相貌清秀，性格温柔。但是，她出身低微，自然没有资格成为皇八子之嫡福晋。

一年后，乾隆皇帝赐婚，将大学士尹继善之女章佳氏赐给永璇，为福晋。章佳氏相貌平平，无甚姿色。然而，她出身名门，饱读诗书，书法极佳；气质高贵，举止端庄，行为得体，贤淑温婉。性格孤僻的永璇不喜欢矜持自重的福晋章佳氏，反而迷恋出身低微的王氏。

乾隆皇帝敬重和爱护赐婚的章佳氏，然而，皇八子不喜欢，乾隆皇帝也不能强求。实在拗不过永璇，乾隆皇帝决定将王氏赐给永璇，做他的侍妾。

不久，王氏生下永璇的长子。随后，王氏晋升为侧福晋。王氏一直专宠，受到永璇的特别宠爱。几年后，王氏生下了第二个阿哥。可惜，美人命薄，因为难产，王氏大出血，从此以后，王氏不能再生育了。王氏终日郁郁寡欢，两年后，小阿哥夭折。王氏一蹶不振，忧郁成疾，不久，离开人世。临终之时，永璇郑重承诺，不再娶其他女人。后来，嫡福晋章佳氏一直没有生育。永璇遵守诺言，不再娶别的女人，也不再对别的女人动心。

永瑆是一位杰出的书法家

爱新觉罗·永瑆（1752—1823年），乾隆皇帝第十一子。乾隆时期，受到器重，任命他为《四库全书》总裁。嘉庆年间，他担任军机处行走。他工于书法，是一代著名书法家。最初，学赵孟頫书法；后来，学欧阳询书法；最后，吸取众家之长，博览宫中历代名家书法，广泛地临摹晋、唐、宋、明各家名帖，因此，他的书法别具一格，形成了端正清丽、劲俏流畅之书法风格。

从永瑆的书法结构上看，他的书法风格更多地承袭了赵孟頫之书法特色，书体淳厚，字画圆润，造型端美，具有宫廷"馆阁体"之特点。同时，他的书法体势之中，具有欧阳询书法之转折遒劲的特征，这一点，有别于"馆阁体"之一味端正俊美。成亲王永瑆，以楷书、行书著称于世，是清代著名的书法家。正因如此，永瑆之书法，深得乾隆皇帝之喜爱，由书法及于人，永瑆一度成为乾隆皇帝考虑的皇位继承人。永瑆、翁方纲、刘墉、铁保，并称"乾隆书法四大家"。道光三年（1823年），永瑆薨，终年72岁，谥"哲"，为成哲亲王。

嘉庆皇帝亲政以后，特别重用皇兄永瑆。

◎ 行书《洛神赋》

元 赵孟頫 现收藏于天津市博物馆。

赵孟頫博学多才，书法造诣极高，主要以楷书、行书闻名于世，字体道媚、不失秀逸，笔法成熟，他与柳公权、欧阳询、颜真卿合称"楷书四大家"。

洛神賦　并序

黄初三年，余朝京師，還濟洛川。古人有言，斯水之神，名曰宓妃。感宋玉對楚王神女之事，遂作斯賦。其詞曰：

余從京域，言歸東藩，背伊闕，越轘轅，經通谷，陵景山。日既西傾，車殆馬煩。爾乃稅駕乎蘅皋，秣駟乎芝田，容與乎陽林，流眄乎洛川。於是精移神駭，忽焉思散。俯則未察，仰以殊觀。睹一麗人，于巖之畔。乃援御者而告之曰：爾有覿於彼者乎？彼何人斯，若此之艷也！御者對曰：臣聞河洛之神，名曰宓妃，則君王之所見，無乃是乎？其狀若何？臣願聞之。

余告之曰：其形也，翩若驚鴻，婉若游龍，榮曜秋菊，華茂春松。髣髴兮若輕雲之蔽月，飄飖兮若流風之迴雪。遠而望之，皎若太陽升朝霞；迫而察之，灼若芙蕖出淥波。穠纖得衷，修短合度。肩若削成，腰如約素。延頸秀項，皓質呈露。芳澤無加，鉛華弗御。雲髻峨峨，修眉聯娟。丹唇外朗，皓齒內鮮。明眸善睞，靨輔承權。瑰姿艷逸，儀靜體閑。柔情綽態，媚於語言。奇服曠世，骨像應圖。披羅衣之璀粲兮，珥瑤碧之華琚。戴金翠之首飾，綴明珠以耀軀。踐遠遊之文履，曳霧綃之輕裾。微幽蘭之芳藹兮，步踟蹰於山隅。於是忽焉縱體，以遨以嬉。左倚采旄，右蔭桂旗。攘皓腕於神滸兮，採湍瀨之玄芝。

余情悅其淑美兮，心振蕩而不怡。無良媒以接歡兮，託微波而通辭。願誠素之先達兮，解玉佩以要之。嗟佳人之信修，羌習禮而明詩。抗瓊珶以和予兮，指潛淵而為期。執眷眷之款實兮，懼斯靈之我欺。感交甫之棄言兮，悵猶豫而狐疑。收和顏而靜志兮，申禮防以自持。於是洛靈感焉，徙倚彷徨。神光離合，乍陰乍陽。竦輕軀以鶴立，若將飛而未翔。踐椒塗之郁烈，步蘅薄而流芳。超長吟以永慕兮，聲哀厲而彌長。爾乃眾靈雜遝，命儔嘯侶。或戲清流，或翔神渚，或採明珠，或拾翠羽。從南湘之二妃，攜漢濱之游女。歎匏瓜之無匹兮，詠牽牛之獨處。揚輕袿之猗靡兮，翳修袖以延佇。體迅飛鳧，飄忽若神。陵波微步，羅襪生塵。動無常則，若危若安。進止難期，若往若還。轉眄流精，光潤玉顏。含辭未吐，氣若幽蘭。華容婀娜，令我忘餐。於是屏翳收風，川后靜波。馮夷鳴鼓，女媧清歌。騰文魚以警乘，鳴玉鸞以偕逝。六龍儼其齊首，

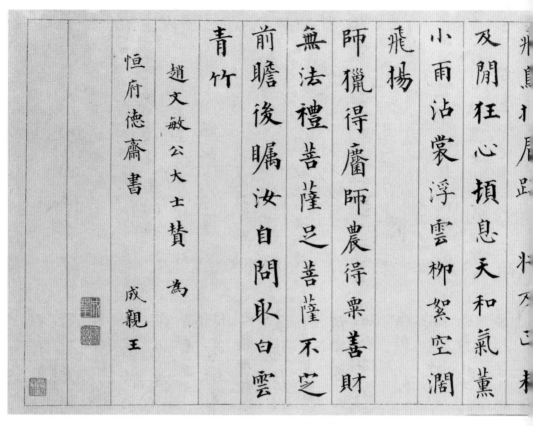

恒府德斋书　　　　成亲王

赵文敏公大士赞　为

青竹

前瞻後瞩汝自問取白雲

無法禮菩薩乏菩薩不乏

師獵得虞師農得粟菩財

飛揚

小雨沾裳浮雲柳絮空澗

及開狂心頓息天和氣薰

▲《赵孟𫖯大士赞》

清　永瑆　现收藏于北京故宫博物院。

　　嘉庆四年（1799年）正月，嘉庆皇帝任命永瑆在军机处行走，总理户部三库。清廷惯例，亲王，无领军机者；领军机亲王，自永瑆始。二月，嘉庆皇帝降旨，仪亲王永璇，罢总理吏部事务。同时，降谕永瑆，俟军务奏销事毕，不必总理户部事务。

　　嘉庆四年（1799年）三月，和珅以罪伏诛。嘉庆皇帝没收和氏府第，赐给永瑆。七月，永瑆上疏，请辞总理户部三库，嘉庆皇帝允之。八月，编修洪亮吉上疏永瑆，讥讽朝政。永瑆立即上奏皇帝，嘉庆皇帝震怒，治洪亮吉罪。此事，记载于《清史稿·洪亮吉传》。十月，嘉庆皇帝降谕："自设军机处，无诸王行走。因军务较繁，暂令永瑆入直，究与国家定制未符，罢军机

秉般若劍　推黑暗盡光明

洞然行佛心　令令行如焰

無處湊泊　鋒鋩未露天魔
膽落

明月一圓清風兩袖筇篱

筇篱雖工　莫售莫信者何

勞心碌碌　擗動水珠竟無
撈摸

彼賣魚者　一錢兩尾踏破

指頭白晝見鬼　隱菩薩身

化童女真　非大悲心著甚
真

　　处行走。"

　　永瑆曾闻，康熙时期，内监言其师少时及见董其昌以前三指握管悬腕作书。永瑆精通书法，广其所说，作拨镫法，推论书旨，悬腕书法深得古人用笔之意。嘉庆皇帝闻其书法日进，悬腕之功了得，特别降旨，命其书《裕陵圣德神功碑》；并且，令其自择书迹，刻为《诒晋斋帖》，以皇帝手诏为书序。永瑆如期完成，刻成法帖。嘉庆皇帝大喜，吩咐收藏宫中，颁赏臣工。

　　嘉庆十八年（1813 年），林清之变起。变故之时，嘉庆皇帝远在热河承德避暑山庄。当时，永瑆正在紫禁城内督捕，平定事变有功。嘉庆皇帝嘉其勤劳，特降谕旨，免其一切处分，以及未完之罚俸。

开诏清景遍户庭　生机活泼丽始青　一家共祝团圞节　老翁衍庆过百
龄阶除环绕儿孙湔吉爆腾辉振律管盈宁同沐大钧恩煦妪阳和乐
所欣春旸雨宜金井高梧一叶飘渐看陌头柳绿褪条老农倚门待刈
乞浆喜得酒耘勤苦经三时凉飔初动少睥司西畴多稼将成候
欣皆向荣老叟携孙过南亩自课耕耘期大有农家之乐在庆丰岁首
范煖清和初届时序更卉木蕃庐荷大生三春寰喜膏泽足润物欣
丞乘屋脊蹐堂五世称儿舵老翁幸除仁寿世亥字重周百廿岁桃符吉
襁儿孙陇上蘧遶万宝权罩仓箱盈村南村北禧事成于茅索綯
养
爆震春声东郊又转韵华丽
御制四时衍庆图

臣永瑆敬书

永瑆善收藏，家中富于藏书。因家藏有陆机真迹《平复帖》，于是，他命名其藏书处为"诒晋斋"；另外，他还有"看云阁""听雨屋"等处藏书，所藏珍品，多为宋元旧刻秘籍。据称，其所藏宋元时代之书画，为一时之冠。他喜爱法书，刊刻有《诒晋斋法书》，著有《诒晋斋诗文集》《诒晋斋随笔》《仓龙集》《听雨屋集》等。

永瑆喜欢刻治藏书印及其闲章，主要有："皇十一子诒晋斋印记""皇子永瑆之印""成亲王""校理秘文""皇十一子永瑆鉴赏古书真迹珍藏之印""诒晋斋印""皇十一子"等。对于收藏，他十分自得，曾经自题诗，称：

> 锦轴牙签富自夸，
> 深居也说积书家。
> 空巢未肯从东野，
> 拈买犹须叹浣花。

为什么满洲皇室称为"黄带子"

满洲皇族为什么称"黄带子"？

在清代，皇族正宗称为宗室，宗室的核心就是皇帝。皇帝、宗室，束黄腰带，故称"黄带子"。皇帝腰带用明黄色，宗室用金黄色。

黄带子是皇族，这是毫无疑问的。那么，反过来，是不是所有皇族都可以称为"黄带子"呢？答案是否定的。

那么，什么人可以称为"黄带子"？

清廷是这样规定的：

1. 从清太祖努尔哈赤的父亲爱新觉罗·塔克世这一辈算起，他的儿子努尔哈赤、舒尔哈齐兄弟，以及他们的子孙等，统称为宗室；他们系黄腰带，又称"黄带子"。

2. 爱新觉罗·塔克世的哥哥、弟弟，以及他们的子孙，统称为"觉罗"；他们系红腰带，又称为"红带子"。

3. 爱新觉罗家族以外，所有官员系蓝色或者石青色腰带。

因此，"黄带子"，是清代皇家宗室的标志。

乾隆皇帝的皇家血脉，代代传承：

第一代，清太祖努尔哈赤，年号天命，属羊。

第二代，清太宗皇太极，年号天聪、崇德，属龙，是努尔哈赤的皇八子。

第三代，清世祖福临，年号顺治，属虎，是皇太极的皇九子。母亲是皇太极西次宫永福宫庄妃，是科尔沁贝勒寨桑之女，中宫皇后的侄女，26 岁时生下福临。

第四代，清圣祖玄烨，年号康熙，属马。他是顺治帝皇三子，母亲是汉

雍正皇帝朝服立像

佚名

这幅画作中可清晰地看到雍正皇帝腰间的「黄带子」。

军佟图赖的女儿佟佳氏。康熙皇帝的祖父、父亲是满洲人，祖母是蒙古人，母亲是汉人。

第五代，清世宗胤禛，年号雍正，属马，是康熙皇帝的皇四子，母亲是满洲正黄旗护军参领威武之女乌雅氏，她先后生了3个儿子、3个女儿。

第六代，清高宗弘历，年号乾隆，属兔，他是雍正皇帝的皇四子，母亲是孝圣宪皇后。

皇帝的女儿才能称为公主？

"格格"，本为满语之译音，翻译成汉语，就是小姐、姐姐之意。通常地说，清朝贵胄之家的女儿称为"格格"。入关以后，明文规定，皇帝的女儿称为公主；王公贵戚之女称为格格。

后金时，大汗、贝勒的女儿统称为"格格"，无定制。例如，清太祖努尔哈赤之长女，称为"东果格格"；次女，称为"嫩哲格格"。清太宗皇太极即位，崇德元年（1636年），始仿明制，规定：皇帝的女儿称为"公主"：皇后之女，称为"固伦公主"；妃子所生之女，以及皇后之养女，称为"和硕公主"。

"格格"，则专指王公贵胄之女。例如，皇太极之次女马喀塔，由孝端文皇后所生，最初封其为"固伦长公主"，后来改封为"永宁长公主"，最后改为"温庄长公主"。具体地说，包括：

一、亲王之女，称为"和硕格格"，汉名为"郡主"；

二、世子及郡王之女，称为"多罗格格"，汉名为"县主"；

三、多罗贝勒之女，亦称为"多罗格格"，汉名为"郡君"；

四、贝子之女，称为"固山格格"，汉名为"县君"；

五、镇国公、辅国公之女，称"格格"，汉名为"乡君"；

六、"公"以下之女，俱称"宗女"。

"格格"之称谓一直沿用，至清末之时渐渐终止。

乾隆皇帝弘历，共生有10个女儿，其中，5人早殇，没有加封；5人长大，加封为公主：

第三女，孝贤纯皇后生，封固伦和敬公主；第四女，纯惠皇贵妃苏氏生，

寿臧和硕公主像

清　佚名

道光皇帝的第五女，生母是祥妃钮祜禄氏。

封和硕嘉和公主；第七女，孝仪纯皇后生，封固伦和静公主；第九女，孝
仪纯皇后生，封和硕和恪公主；第十女，惇妃汪氏生，封固伦和孝公主。第
十女是个例外，她的母亲只是一个普通妃子，因为她出生时，乾隆皇帝已经
65岁了，老来得子，受到皇帝的格外疼爱，特旨封为固伦公主，并指婚下嫁
给和珅长子丰绅殷德。

🔻 荣寿固伦公主画像

道光皇帝第六子恭亲王奕訢嫡长女，被慈禧太后接到宫中，于同治三年（1864年）
正式册其为固伦公主。

213

第三章　臣子轶事

大明第一才子撰写天下第一联

永乐初年，解缙受到明成祖朱棣的特别宠信。

朱棣准备迁都，皇城大门是大明国门，非常重要。于是，朱棣请解缙书写楹联。写毕，解缙更加受到器重。

解缙撰写的大明门楹联：

日月光天德，山河壮帝居。

联中天德，指天的德性。此语出自汉董仲舒《春秋繁露·人副天数》："天德施，地德化，人德义。"

天德，比喻皇帝之德。

帝居，天帝、天子所居之处，也指京师。

意思是：皇帝的大德，如同日月之光，无私地普照大地；美丽的高山大河，使得巍峨的紫禁城显得更加雄伟壮丽。

这天下第一联是解缙首创，还是别有出处呢？

其实，这句诗出自南朝陈后主之手。

当时，陈后主成为阶下囚，陪同隋文帝东巡，登上芒山。侍奉御宴之时，陈后主捧旨，写下了《入隋侍宴应诏诗》：

日月光天德，山川壮帝居。

太平无以报，愿上东封书。

▲玉树新声

选自《帝鉴图说》，现收藏于法国国家图书馆。
这则故事描述的是南朝陈后主叔宝在位时，极度荒淫奢华的生活状态，从而导致陈朝最终被隋文帝所灭。

《南史》记载："后主从隋文帝东巡，登芒山，赋诗。"

皇帝强调公正，奉"三无私"。奉：奉行。"三无私"则是："天无私覆，地无私载，日月无私照。"意思是，像天地日月那样，公正无私。比喻帝王，要以天下为公，不谋一己之私利。

陈后主侍宴诗，"日月光天德"，取材于孔子和董仲舒。

《礼记》卷九《孔子闲居》：

> 子夏曰："敢问何谓三无私？"
> 孔子曰："天无私覆，地无私载，日月无私照。"

这段对话的意思是：

子夏问孔子："什么是'三无私'？"

孔子回答："天覆盖万物，地运载一切，日月普照大地。这三者，公平无私，是为'三无私'。"

《文选》卷三七，曹植《求通亲亲表》："臣闻天称其高者，以无不覆；地称其广者，以无不载；日月称其明者，以无不照。"

第一个敢打皇子的师傅

李希颜，字愚庵，河南郏县人，明代著名儒学大家，隐居山林。

郏县位于河南省中部偏西，隶属平顶山市管辖，是仰韶文化、龙山文化、裴李岗文化的发祥地之一。历代名人有西汉"谋圣"张良。

他学养深厚，博览群书；品行好，修养高。

朱元璋称帝后，久闻其名，因大臣推荐，朱元璋亲自手书诏书，召李希颜进宫，选定他当皇子们的教师。这些皇子，就是后来分封的十位藩王，包括长子朱标、燕王朱棣等。

李希颜随身带三件宝物进宫：布衣长袍，《四书集注》，戒尺。

因为他是第一个敢用戒尺打皇子，也就是打明太祖朱元璋儿子的人，所以，人称"李大傻"。

李希颜性格严厉，为人冷峻；向十位小皇子讲授尧舜禹商汤，行大仁、仗大义的道理与事迹，这些小皇子难免有不听教导、顽皮的时候。

李希颜执教严厉，虽然是皇子，有不服教导或不认真学习者，他照样用戒尺打他们的脑门。有时打得重，有的皇子脑门上就是一片青紫。

有一天，朱元璋召诸皇子吃饭，看见小皇子脑门上一片青紫，十分生气。

马皇后知道原因后，大声说："皇上，哪有用尧、舜标准来教训你儿子，反而你生气的？"朱元璋听了，立刻平静了下来。随后，朱元璋下令，厚赏皇子师傅，赏赐其绯袍，给他升官，并且一直很尊敬他、善待他。

《明史》记载：李希颜因教导皇子有方，被太祖授予左春坊右赞善之职。诸皇子长大后，开始前往各地就藩，李希颜也就返回之前的隐居地。邻里有宴请时，他常穿着绯袍、戴着斗笠前往。有的客人问他原因，他笑着说："戴斗笠，是我的本质，这件绯袍，是皇上赏赐的。"

⚓ 学堂授课图

选自《清孙温绘全本红楼梦》册，现收藏于辽宁省旅顺博物馆。

文章和氣吉祥□

道德光□

山分四面□□□□□□
深有龍□靈　居□

221

"明朝最伟大的诗人"

高启（1336—1374 年），字季迪，号槎轩，长洲（今江苏苏州市）人。汉族，元末明初著名诗人，文学家。元末隐居吴淞青丘，自号"青丘子"。高启才华高逸，学问渊博，能文，尤精于诗，与刘基、宋濂并称"明初诗文三大家"，又与杨基、张羽、徐贲被誉为"吴中四杰"，当时论者把他们比作"初明四杰"。他与王行等人，号称"北郭十友"。

高启出身富家，童年时父母双亡，生性警敏，读书过目成诵，久而不忘，尤精历史，嗜好诗歌。

元朝末年，天下大乱，张士诚据吴称王，其属下淮南行省参知政事饶介守吴中，礼贤下士，闻高启才名，多次派人邀请，延为上宾，招为幕僚。座上都是巨儒硕卿，时高启年仅 16 岁。

但是，高启厌恶官场，23 岁那年借故离开，携家归依岳父周仲达，隐居于吴淞江畔的青丘，故自号"青丘子"，曾作有《青丘子歌》。

洪武元年（1368 年），高启应召入朝，授翰林院编修，以其才学，受朱元璋赏识，复命教授诸王，纂修《元史》。

高启为人孤高耿介，思想以儒家为本，兼受释、道影响。他厌倦朝政，不羡功名利禄。

洪武三年（1370 年）秋，朱元璋拟委任他为户部右侍郎，他固辞不受，被赐金放还。但朱元璋怀疑他作诗讽刺自己，对他产生了忌恨。高启返青丘后，以教书治田自给。

苏州知府魏观修复府治旧基，高启为此撰写了《上梁文》。因府治旧基原

为张士诚宫址，有人诬告魏观有反心，魏被诛。高启也受株连，被处以腰斩而亡。

高启著作，以诗歌数量较多，初编有 5 集，2000 余首；后自编为《缶鸣集》，存 937 首。景泰元年（1450 年），徐庸搜集其遗篇，编为《高太史大全集》18 卷，今通行《四部丛刊》中，《高太史大全集》即据此影印。高启的词编为《扣舷集》，文编为《凫藻集》，另刊于世。《凤台集序》保存在《珊瑚木难》中，是现存唯一评论高启在金陵的诗歌论文。

高启有诗才，其诗清新超拔，雄健豪迈，尤擅长七言歌行。他的诗体制不一，风格多样，学习汉魏晋唐诸体，均有模拟痕迹。不过，他才思俊逸，诗歌多有佳作，为明代最优秀诗人。

高启《明妃词》云："妾语还凭归使传，妾身没虏不须怜。愿君莫杀毛延寿，留画商岩梦里贤。"

高启《凿渠谣》云："凿渠深，一十寻。凿渠广，八十丈。凿渠未苦莫嗟吁，黄河曾开千丈余。君不见，贾尚书。"

高启做官只有三年，长期居于乡里，故其部分诗歌描写了农民的劳动生活，如《牧牛词》《捕鱼词》《养蚕词》《射鸭词》《伐木词》《打麦词》《采茶词》《田家行》《看刈禾》等。这些诗没有把田园生活理想化，而是在一定程度上反映了阶级剥削和人民的疾苦。

如《湖州歌送陈太守》中写："草茫茫，水汨汨。上田芜，下田没，中田有麦牛尾稀，种成未足输官物。侯来桑下摇玉珂，听侬试唱湖州歌。湖州歌，悄终阕，几家愁苦荒村月。"

鉴于高启在诗歌方面作出的巨大贡献，不仅后人尊称他为"明初诗人之冠"，而且历代诗评家也都对他给予了极高的评价。

清人赵翼，人称"大清第一才子"，他在《瓯北诗话》中推崇高启为"（明代）开国诗人第一"。

一代伟人毛泽东，在自己的书法作品中称高启为"明朝最伟大的诗人"。

高启的诗作配得上如此高的评价，亦可从以下两首诗中看出。

《客中忆二女》：

　　每忆门前两候归，客中长夜梦魂飞。

　　料应此际犹依母，灯下看缝寄我衣。

《养蚕词》：

　　东家西家罢来往，晴日深窗风雨响。

　　三眠蚕起食叶多，陌头桑树空枝柯。

　　新妇守箔女执筐，头发不梳一月忙。

　　三姑祭后今年好，满簇如云茧成早。

　　檐前蝶车急作丝，又是夏税相催时。

首辅张居正的生前身后

张居正，进入紫禁城主政 10 年，位极人臣；去世后，被收夺一切荣誉，一再抄家，妻离子散，家破人亡。张居正生前、生后，真是天上人间。

张居正（1525—1582 年），字叔大，号太岳，幼名张白圭，湖广荆州卫（湖北省荆州市）军籍。因生于江陵县（荆州），故称之"张江陵"。明朝政治家、改革家、内阁首辅，辅佐万历皇帝朱翊钧进行了"万历新政"，史称"张居正改革"。

张居正为嘉靖二十六年（1547 年）进士。隆庆元年（1567 年），他任吏部左侍郎兼东阁大学士，后迁任内阁次辅，为吏部尚书、建极殿大学士。

隆庆六年（1572 年），张居正代高拱为内阁首辅，一切军政大事均由张居正主持裁决，任内阁首辅十年，实行了一系列改革措施。财政上，清丈田地、推行"一条鞭法"，总括赋、役，皆以银缴，"太仓粟可支十年，周寺积金，至四百余万"。军事上，任用戚继光、李成梁等名将镇守北部边疆，用凌云翼、殷正茂等平定西南叛乱，稳定了西南地区的统治，确保了边境安宁。吏治上，实行综核名实，采取"考成法"考核各级官吏，"虽万里外，朝下而夕奉行"，一时之间，政体为之肃然。

万历十年（1582 年）六月二十日，张居正病逝，明神宗为之辍朝，赠上柱国，谥"文忠"。

明代时，张居正是唯一生前被授予太傅、太师的文官。著有《张太岳集》《书经直解》《帝鉴图说》等。

张居正逝世后的第四天，御史雷士帧等七名言官弹劾潘晟，神宗立即降旨，命潘晟致仕。

⦿ 任贤图治

讲的是帝尧在位时期，任用贤臣治理天下的故事。

⦿ 谏鼓谤木

讲的是帝尧在室外设立击鼓和立木，希望百姓能够各抒己见，积极建言献策，以防止自己做出对百姓不利的政策。

《帝鉴图说》（节选）

选自《帝鉴图说》 法文外销画绘本 明 佚名 现收藏于法国国家图书馆。

《帝鉴图说》是明朝内阁首辅张居正亲自编撰给小皇帝明神宗的启蒙读物，图册分为上下两篇，上篇讲述了自尧舜禹时期到宋朝历代帝王的勤政之举，下篇讲述了历代帝王的害国行径。张居正希望明神宗能够多学习历代帝王的为君之道，并以史为鉴，杜绝做出祸国殃民的事情。

● 孝德升闻

讲的是帝舜对自己的父亲和后母以德报怨的事迹，孝感于天。帝尧认为他是个圣人，于是将帝位禅让给了他。

● 揭器求言

大禹用不同的乐器代表百姓不同的需求，他希望百姓能够勇于站出来向自己提意见。

潘晟，由张居正生前所荐，他的下台标明了张居正的失宠，万历皇帝准备就绪，要开始反攻倒算。

言官们何等聪明，最善于见风使舵，他们立即把主攻的矛头指向曾经红极一时、令无数言官倾倒的张居正。

万历皇帝立即下令：抄家；削尽其官秩；追夺生前所赐玺书、四代诰命，以数条大罪昭示天下！张居正本人，险遭开棺鞭尸；张居正家属或饿死，或流放。张居正在世时所用的一批官员，有的削职，有的弃市。张居正所做的一切归零，他及其追随者全部被清算。

唯独张居正改革带来的红利没有人批判，众人乐享其成：万历皇帝坐在紫禁城华丽的大殿之中，悠然自得地享受着大明王朝的富裕生活，数十年不上朝，王朝依然运转正常；官员们享受着富裕的衣食住行，泰然自若地享受着张居正改革带来的丰厚实利。

天启二年（1622年），天启皇帝朱由校为张居正平反：复官复荫。

总之，"有明之无善治，自高皇帝之罢相始也"。

整个大明朝廷没有宰相，令皇权失却制衡；内阁，没有合法性，故无实权；内阁事事听命于皇帝，造成君主独裁；如果遇上昏庸之主，导致宦官为祸；内阁首辅为争取权力，往往依附宦官，排挤异己，从而助长了宦官的嚣张气焰。

张居正为人诟病之处，就是不择手段弄权，勾结宦官，凌驾于皇权之上。

大明王朝危亡之际大臣们不愿捐款

崇祯年间，大明王朝陷入内外困境，危如累卵。

危难之时，崇祯皇帝哀求众大臣捐款救国。

当时，北京城内一位 60 余岁的大爷来到户部，老泪纵横，捐出毕生积蓄四百两。崇祯皇帝十分感动，吩咐侍从，赏赐：锦衣卫千户。

皇帝岳父周奎，捐出白银一万三千两。崇祯皇帝派遣太监徐高上门，希望岳父大人带头，起码捐出五万两到十万两。岳父大人周奎皱眉说："老臣，安得多金？"

周奎表示，只想捐出白银一万两，多的没有。崇祯皇帝不相信，继续讨价还价，打折说，那就捐出白银二万两。岳父周奎进宫，会见女儿周皇后。周皇后表示，愿意拿出五千两。皇帝岳父周奎拿走女儿，即皇后捐助的五千两，扣下两千两，这才共计捐出一万三千两。

另外，内阁首辅魏藻德，捐出白银五百两。太监首富王之心，捐出白银一万两。

崇祯皇帝亲自出马，号召大臣捐款，这次活动共计捐出白银二十万两，收入国库。

这点白银杯水车薪。崇祯皇帝心有不甘，吩咐大臣推荐各省首富，以及有能力的捐款者。国难当头，人人自危，自顾不暇，谁还管国家死活？皇帝降旨，问了半天，只有南直隶、浙江两地，各举了一个大款。

崇祯皇帝面对危难，欲哭无泪。

北京陷落前三天，三月十五日，赵士锦奉命接管国库之一、工部之节慎库。随后，他以实录形式写下了《甲申纪事》《北归记》。

《甲申纪事》记载："新库中，止二千三百余金。老库中，止贮籍没史家资、金带犀杯衣服之类，只千余金。沅为予言，此项，已准作巩驸马家公主造坟之用，待他具领状来，即应发去。外，只有锦衣卫解来加纳校尉银六百两，宝元局易钱银三百两，贮书办处，为守城之用。""国家之贫至此！"

无人愿意守城。农民军围城之际，京城守军，"鞭一人起，一人复卧"。

北京城破以后，李自成农民军进入北京，逮捕大明文武百官，拷掠朝野大臣，搜罗财宝银两。

农民军大将刘宗敏负责北京治安，他们逮捕了大明朝首辅魏藻德，指责其贪污腐化，堕落误国。魏藻德大言不惭地说："我只是书生，不懂政事。崇祯无道，才亡了国。"

刘宗敏大怒，大声喝道："你从一介书生到状元，不到三年就做到宰相。皇帝哪里对不起你，你还诋毁皇帝！"说罢，命人掌嘴数十下。然后命对其上刑，夹棍夹断十指，交出白银数万两。刘宗敏不信，连续用刑，五天五夜，魏藻德脑裂而死。

其子魏追征也被农民军逮捕，接着用刑。魏说："家已罄尽。父在，犹可丐诸门生故旧。今已死，复何所贷？"随后，他被斩首。

陈演，一位最能哭穷的明朝大臣。刘宗敏吩咐对他用重刑，逼迫陈演交出白银四万两，这才将其释放。四天后，李自成出京，攻打吴三桂。李自成因害怕明臣继续作乱，于是，农民军再次逮捕大臣陈演等人，将其斩首。

经过拷掠，李自成在京城共计获得白银七千万两。李自成大喜过望，吩咐侍从：铸造成巨大方板状银板，中间有孔，运往西安。

令人啼笑皆非的是，皇帝岳父周奎在农民军的拷掠之下，竟然交出了白银五十三万两，金银财宝几十车！然而，国家危亡之秋，崇祯皇帝动员岳父捐出十万两，他只捐出了白银一万三千两！

第一届博学鸿词科的佼佼者

朱彝尊（1629—1709年），字锡鬯，号竹垞，晚号小长芦钓鱼师，别号金风亭长，浙江秀水（今浙江嘉兴市）人。明代大学士朱国祚的曾孙。鬯，是汉字，上下结构，指节日活动庆典所用之香酒。古时候，人们以"鬯"来庆祝胜利，部族和亲，祭祀天神、地祇、人神，有严格等级：天神称祀，地祇称祭，宗庙称享。

他是清朝著名诗人、词人、学者、藏书家，是清康熙年间第一届博学鸿词科录取的佼佼者。

博学鸿词科，原称博学宏词科，简称词科、宏词、宏博，是中国古代科举考试制科之一，是在正式的科举制度之外特设的一科，录取博学文士，目的是笼络知识分子。

唐开元年间，唐玄宗始设，称为博学宏词，以考试选拔能文之士。宋神宗以后，因为考试注重经义、策论，考生的语文水平大大降低，朝廷甚至于感觉起草诏、诰、章、表等应用文书十分乏人。所以，到南宋时，绍兴三年（1133年），宋高宗特置此科。

清代时，举行过两次博学鸿词：一次是康熙年间，另一次是乾隆年间。因为乾隆皇帝名弘历，"宏""弘"字形相近，故将博学宏词科改称博学鸿词科。所试为诗、赋、论、经、史、制、策等，不限制秀才、举人资格，不论已仕未仕，凡是经总督、巡抚推荐者，都可以到北京参加考试；考试之后，由皇帝直接任命官职。

康熙十七年（1678年）正月，"三藩之乱"进入平定的关键阶段，国家基本稳定。康熙皇帝感于缺乏人才，对侍臣说："自古，一代之兴，必有博学鸿儒，振起文运，阐发经史，润色词章，以备顾问著作之选。朕万几余暇，游心文翰，思得博学之士，用资典学……凡有学行兼优、文词卓越之士，不论已仕未仕，令在京三品以上，及科道官员，在外督、抚、布、按，各举所知，朕将亲试录用。"

康熙皇帝特别降旨，各地举荐者，一并送到北京。因为天气寒冷，考试时间定在隔年的三月。

康熙十八年（1679 年）三月，康熙皇帝第一次开博学宏词科。当时，全国推荐者共计 143 人；考试试题，由康熙皇帝钦定《璇玑玉衡赋》《省耕诗五言排律二十韵》。康熙皇帝亲自主持，亲自挑选，录取了 50 人，包括：一等 20 人，二等 30 人。录取的 50 人中，包括朱彝尊、汪琬、毛奇龄等人，分别授予侍郎、侍讲、编修、检讨等职。

朱彝尊 50 岁，参加了第一届博学宏词科考试，成为录取者中的佼佼者，康熙皇帝亲自授予他翰林院检讨。朱彝尊与李因笃、严绳孙、潘耒四人，同以布衣身份，被授予翰林院检讨，人称"四布衣"。他们一起奉旨参与修撰《明史》。

年轻有为的康熙皇帝尊重人才，特别推崇朱彝尊，给予他超级待遇。

康熙二十年（1681 年），康熙皇帝 28 岁，朱彝尊 52 岁，充日讲起居注官；同年秋天，朱彝尊任江南乡试副考官。康熙二十二年（1683 年），朱彝尊奉旨入值南书房。

康熙皇帝爱才，特旨施恩朱彝尊：

一、特许朱彝尊紫禁城骑马，他是第一位获准紫禁城骑马的人，也是第一位获准紫禁城骑马的汉人。

二、赐宴乾清宫，他是南书房翰林中第一位获得赐宴乾清宫者。

三、赐居皇宫禁垣：景山之北，黄瓦门东南，他是第一位赐居皇宫禁地的汉人。

康熙二十三年（1684 年），南书房宴归，康熙皇帝特旨：赐肴果与朱彝尊家人。

輪庄起居

時年四十九

萬曆丙子始設　起居館在史館東第一間　皇極門之左非
日講官不得與記注其事甚祕密重之也不肯自國學遷少詹入

講帷始得輪直云

承　恩日己久謂

帝曰己親東筆注　起居惟頎

聖德新　九重有遐思四海被澤均一時不自逸萬世稱至仁

◀ 轮注起居

选自《徐显卿宦迹图》册 明 余士、吴钺绘 现收藏于北京故宫博物院。起居注记录帝王的言行，类似于皇帝的日记，由专门的官员记录。清朝的起居注自康熙十年（1671年）起，宣统二年（1910年）止，起居注官每日侍值。

张英入住西华门

张英（1637—1708 年），字敦复，号乐圃，安徽桐城人，清朝著名大臣，著名宰相张廷玉之父。

康熙年间，张英受到皇帝特别器重，先后充任纂修《国史》《一统志》《渊鉴类函》《政治典训》《平定朔漠方略》总裁官。康熙四十七年（1708 年），卒，72 岁，谥号"文端"。

明崇祯十年（1637 年）十二月十六日，张英出生。顺治三年（1646 年），张英 9 岁时，母亲吴氏去世。（张廷玉：《先考予告光禄大夫文华殿大学士兼礼部尚书谥文端敦复府君行述》）

康熙二年（1663 年），张英 27 岁，考中举人，名列第十二名。第二年，应会试，落第。康熙六年（1667 年），会试，中二甲第四名，赐进士出身。

当时，大学士李霨看到张英的考卷非常欣赏，"激赏不置，有国士之目"。改内弘文翰林院庶吉士，进入庶常馆，学习满、汉课程。十一月，父张秉彝离世，张英离馆回乡丧居。

康熙九年（1670 年），张英服阕入都，补原官。他终日读书学习，习清书，尽心研究，每遇馆试，辄然居首。康熙十一年（1672 年）秋，散馆，钦定第二，授翰林院编修。康熙十二年（1673 年）四月，康熙皇帝幸南苑，张英奉旨扈从。试河源考、南苑赋各一篇，大阅恭纪诗二十韵，名列第三。

康熙皇帝下令，"选文学之臣醇谨通达者，入侍左右，讲论经史"。掌院学士傅达礼、熊赐履推举了张英、李光地等四人。康熙皇帝亲自审阅，钦定为张英。1673 年五月，充《孝经衍义》纂修官。七月，充任日讲起居注官。

康熙皇帝每日进讲，常令张英为讲官。康熙皇帝每幸南苑，张英必奉旨随从。

康熙十六年（1677年）十月，张英、高士奇入值南书房。任职期间，张英奉旨充任皇太子胤礽师傅。

张英虽已40岁，却非常勤奋，每天辰时（早7点）入宫，早早地来到南书房；晚上戌时（晚7点）再回到宫外居所。为了方便张英出入宫中，康熙皇帝在西华门内特地为他安置了一个临时住所。

清代康熙年间，张英官至宰相，在安徽桐城老家名声极大。

有一年，老家人与邻居吴家在宅基问题上发生了争执，因为两家宅地都是祖上基业，时间久远，对于宅界，谁也不肯相让。

争执不下，双方打官司，官司打到县衙。双方都是官位显赫、名门望族，县官不敢轻易了断。相持不下时，张英老家张家人想到了张英，于是从千里之外，派专人传书到京城求援。

张英收书信后，特地批诗一首：

千里修书只为墙，让他三尺又何妨。

万里长城今犹在，不见当年秦始皇。

张家人收到张英书信后，豁然开朗。第二天，张家人主动地退让三尺。邻居吴家见状，深受感动，也主动地让出三尺。从此以后，中国邻里之间出现了六尺宽的巷子。

翰林院

选自《唐土名胜图会》，冈田玉山等编绘，现收藏于日本早稻田大学图书馆。

翰林院署

御笔书法代笔人

沈荃（1624—1684 年），字贞蕤，号绎堂，别号充斋，华亭（今上海松江）人。

沈荃著有《充斋集》行世，为人厚重，经史深湛，学行醇洁，品行端正，尤其工于书法，宗法米芾、董其昌，是康熙皇帝最为器重的书法家。正因为其书法精湛，所以康熙皇帝特别喜欢，挑选他为书法方面的老师。

有时，沈荃是康熙皇帝的御笔书法代笔人。《江南通志》称："荃学行醇洁，书法尤推独步。"

沈荃自幼聪敏好学，博学多才，文思敏捷，才华横溢，广知天下诸事。家居艾家桥东，是苦节先生后裔。他的父亲沈绍曾，世居泖滨，有孝行。沈荃幼年丧父，服侍母亲极为孝顺。

▼《做米芾书》　清　沈荃　现收藏于中国台北故宫博物院。

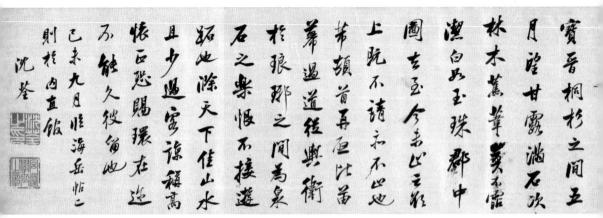

沈荃授翰林院编修后，顺治皇帝曾选定沈荃作为河南大梁道副使。当时，许州、颍州一带，强盗董天禄、牛光天疯狂作案，烧杀劫掠，成为一方之害。沈荃到任后，立即督兵捕获，盗匪四散逃窜，从此地方安宁。

康熙元年（1662 年），老人辞世，沈荃回乡"丁忧"。

康熙六年（1667 年），沈荃"丁忧"服满，授直隶通蓟道员，因受人牵连，降二级。

康熙九年（1670 年），授浙江宁波府同知。未等上任，皇帝特召沈荃书写各体书法，很得皇帝赏识，下诏官复原职，留在内廷。

康熙十年（1671 年），康熙皇帝特旨召见，授以四品顶戴，补翰林院侍讲，在南书房值班。

康熙十一年（1672 年），沈荃典试江浙，后累迁礼部侍郎，兼詹事府詹事。他曾疏言列出阁四事，转为侍读。

康熙十六年（1677 年）四月初十，"上（康熙皇帝）御弘德殿，谕喇沙里：'尔可同詹事沈荃于乾清门候召'。少顷，传沈荃入懋勤殿，命沈荃书'忠孝'二大字及'正大光明'四字行书一幅"。

沈荃性格刚直，敢于直谏，为官清廉。康熙十八年（1679 年），连日大旱。康熙皇帝降旨，寻求消除旱象之法。

当时，新改旧例，流放发配地变为乌喇。沈荃偕同侍郎项景襄一起上奏：乌喇，远离蒙古三四千里，那里非常寒冷，人、畜大多冻死。既然罪不

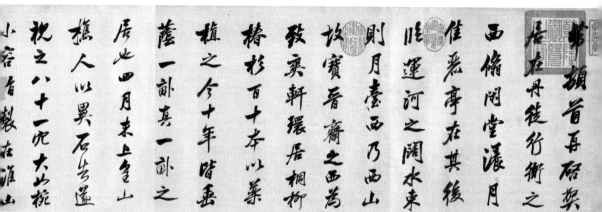

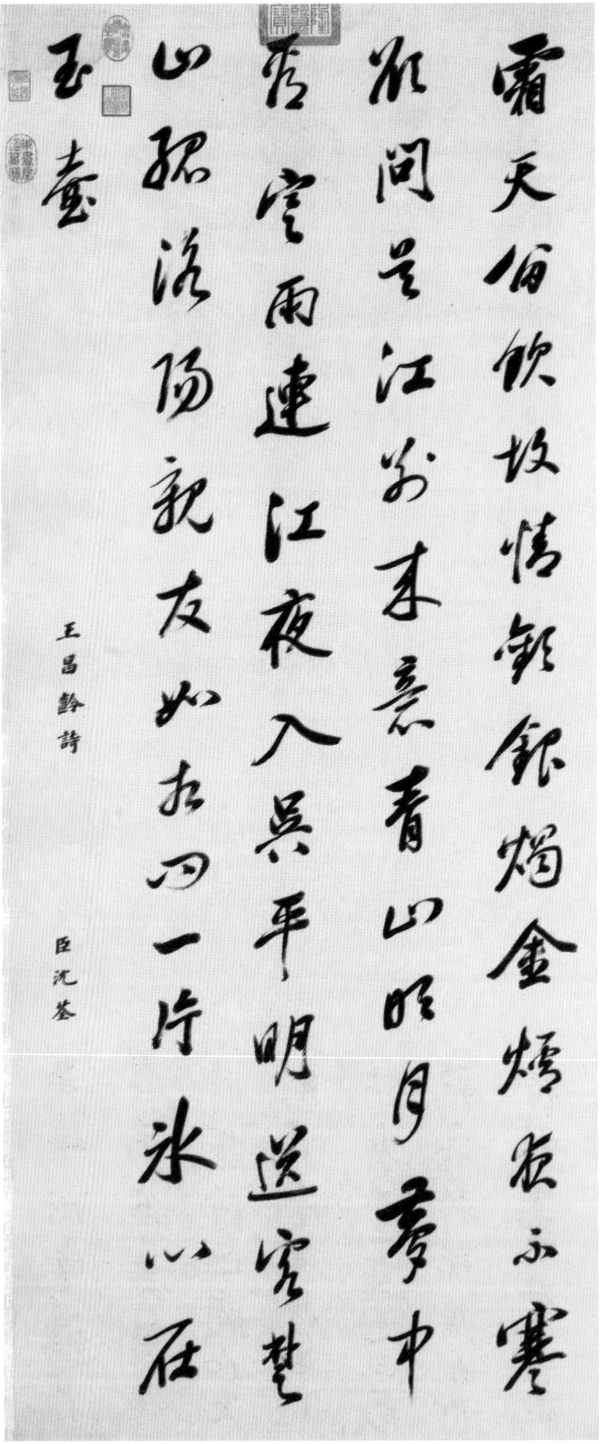

清 沈荃 现收藏于中国台北故宫博物院。

译文：霜天留饮故情欢，银烛金炉夜不寒。欲问吴江别来意，青山明月梦中看。寒雨连江夜入吴，平明送客楚山孤。洛阳亲友如相问，一片冰心在玉壶。王昌龄诗。臣沈荃。

霜天留饮故情欢银烛金炉夜不寒
欲问吴江别来意青山明月梦中
寒雨连江夜入吴平明送客楚
山孤洛阳亲友如相问一片冰心在
玉壶

王昌龄诗

臣沈荃

当死，才会遣放，而又流放到必死之地，请最好仍按旧例。奏言称：这样感动上天，三日必会下雨。

康熙皇帝反问："能保证吗？"

沈荃答："可以保证。"

康熙皇帝又问："如果你所说的三日不下雨，怎么办？"

项侍郎不敢再说话，赶紧退后一步，返回班列。

沈荃依然坚持己见，并且说："若此议颁行，三天内不下雨，甘愿承担欺君罔上之罪。"

朝堂之上，六部九卿官员目瞪口呆，全以为自己听错了，面面相觑。

康熙皇帝脸色大变，当即命令沈荃，第三日到午门等候下雨。第三天，沈荃在烈日暴晒之下，跪在午门外，身子直挺挺地祈求下雨。

康熙皇帝心情焦急，也在乾清门宝座上端坐着，等候下雨。直到午膳之时，康熙皇帝吩咐暂停午膳。

有些大臣关心沈荃，怕他中暑，劝他免冠自责，跪伏御前谢罪，请皇帝回宫，只求免死，削职为民。如果等到天黑，仍然不下雨，皇帝一怒，就是杀头之罪。沈荃不回答，依然跪伏祈雨，在烈日下一动不动。

下午两点钟，忽见一片乌云从东边吹来。顿时，狂风大作，雷电交加，大雨倾盆。刹那间，暴雨从天而降，雨量多达一尺。

康熙皇帝喜出望外，流着泪对群臣说："此詹事雨也。"康熙皇帝马上宣旨，召詹事沈荃进宫，犒劳他同进御膳。朝野群臣无不松了一口气，为詹事沈荃冒死求雨而感动，大臣们感慨万分，称此雨为"仁者之雨"。如此一来，原来的流放旧例依然恢复。

后来，侍郎项景襄上奏："做积德的事，而不求个人功名杂念，就是重耳在世，与沈荃比起来，要惭愧多了。"

康熙十九年（1680年），沈荃因侍讲有功，加礼部侍郎衔。康熙二十三年（1684年），沈荃于职上去世，终年61岁。康熙皇帝特赐金五百两致祭，赐谥"文恪"。

唯一配享太庙的汉臣

张英一家，三代六人，从康熙到乾隆年间一直供职于南书房，受到康熙、雍正、乾隆三任皇帝的赏识，成为士林佳话。

张廷玉（1672—1755年），字衡臣，号砚斋，安徽桐城人。清朝杰出政治家，大学士张英之子。

康熙十一年（1672年）九月初九，张廷玉生于京师。

康熙三十六年（1697年），张廷玉准备参加会试。但是，其父张英奉旨为总裁官，张廷玉回避，不试。

康熙三十八年（1699年），张廷玉夫人姚氏离世，父亲张英登上相位。

康熙三十九年（1700年），张廷玉考中进士，授为翰林院庶吉士。

康熙四十二年（1703年），张廷玉被授翰林院检讨，开始担任《亲征平定朔北略》的纂修官。

康熙四十三年（1704年）四月，入值南书房。

康熙皇帝特别宣召张廷玉至畅春园，询问其父张英致仕居家的近况。当场，康熙皇帝命他赋诗。张廷玉作七言律诗二首，颇得康熙皇帝称许。当日，张廷玉奉旨入值南书房，特旨戴数珠，着四品官服色：

"辰（早七时）入，戌（晚九时）出，岁无虚日。塞外启从，凡十一次。夏则避暑热河，秋则随猎于边塞"。圣祖车驾远巡遍历蒙古诸部落，"穷边绝漠，余（廷玉）皆洱笔以从"。

张廷玉身居内廷，承袭父业，"久持讲握，简任机密"。

康熙六十年（1721年）六月，张廷玉调吏部左侍郎。康熙六十一年（1722年）十一月，康熙皇帝驾崩于畅春园，皇四子胤禛入承大统，为雍正皇帝。

雍正皇帝觉得皇位来之不易，他说："为政以得人为要，不得其人，虽食法美意，徒美观听，于民无济也。"于是，雍正皇帝慎选张廷玉作为辅政大臣，共筹军国大事。

张廷玉在《澄怀主人自订年谱》中称：皇上器重，寄予厚望，有二：一是学问优长，"气度端凝，应对明晰"，有真才实学。二是他是皇帝师傅张英之子。

胤禛登极，命张廷玉兼学士衔，协同翰林院掌院学士阿克敦等，办理大事典礼；政务繁杂，谕旨每日数十次，皆由张廷玉承命应办。同年十二月，雍正皇帝特旨，授礼部尚书，称："朕再四思维，非汝不克胜任。"

雍正元年（1723年），张廷玉奉旨，复值南书房。他与朱轼等人，同为诸皇子师傅。四月，任顺天府乡试主考官，加太子太保。八月，署理都察院事，兼管翰林院掌院学士事。九月，调任户部尚书。十月，张廷玉任《四朝国史》总裁官。

雍正初年，清廷在西北对蒙古准噶尔部大举用兵。雍正皇帝心情焦劳，指授方略。张廷玉"日侍内值，自朝至暮，不敢退，间有待至一二鼓"。雍正七年（1729年），雍正皇帝在隆宗门设立军机处，命张廷玉与怡亲王允祥、蒋廷锡统领其事。

军国一应事宜，雍正皇帝交怡亲王允祥、大学士张廷玉、蒋廷锡密为办理。张廷玉奉旨，拟定办理军机处规制："诸臣陈奏，常事用疏，自通政司上，下内阁拟旨；要事用折，自奏事处上，下军机处拟旨，亲御朱笔批发。"雍正皇帝设立军机处，其主要制度皆由张廷玉亲自筹划。从此以后，大学士"必充军机大臣，始得予政事，日必召入承旨，平章政事，参与机密"。

雍正十三年（1735年），雍正皇帝病危。临终前，命张廷玉与庄亲王允禄、大学士鄂尔泰等同为顾命大臣；遗诏，他日以张廷玉配享太庙。

乾隆皇帝即位，奉大行皇帝遗命，由庄亲王允禄、果亲王允礼、大学士鄂尔泰、张廷玉辅政。乾隆元年（1736年），张廷玉奉命为皇子师傅，兼管翰林院事。

二月，乾隆皇帝亲谒景陵，张廷玉奉旨，与王大臣留京总理事务。从此以后，皇帝巡幸，张廷玉均奉旨留京总理事务。

乾隆三年（1738年），乾隆皇帝将临辟雍视学，举"三老五更"古礼。张廷玉上疏，指出，"待人行，事因时起"，古礼不可行。同年，罢总理事务之名，以大学士掌机要。

乾隆八年（1743年）十月，朝官条奏，"取士之法，不当专用制科试士之法，不当专用制艺者"。张廷玉"力持以为不可更张，当以仍旧为善"。

清朝，无文臣封公侯伯之例。唯独张廷玉被封为三等伯爵，"系格外加殊恩"。然而，年逾古稀的张廷玉为人固执，容易激动，他和乾隆皇帝渐生嫌隙。

乾隆十年（1745年）四月，鄂尔泰病故，讷亲取而代之。当时，确定："嗣后，内阁行走列名，讷亲在前。吏部行走列名，张廷玉在前。"乾隆年间，满汉臣僚之间的矛盾加剧，他们明争暗斗、互不尊服。张廷玉与鄂尔

⚫ 临雍拜老

选自《帝鉴图说》法文外销画绘本　明　佚名　现收藏于法国国家图书馆。

汉明帝刘庄推崇孝道，他亲自到辟雍宫举行古养老之礼"三老五更"。"三老五更"出自《礼记·文王世子》："遂设三老五更，群老之席位焉。"

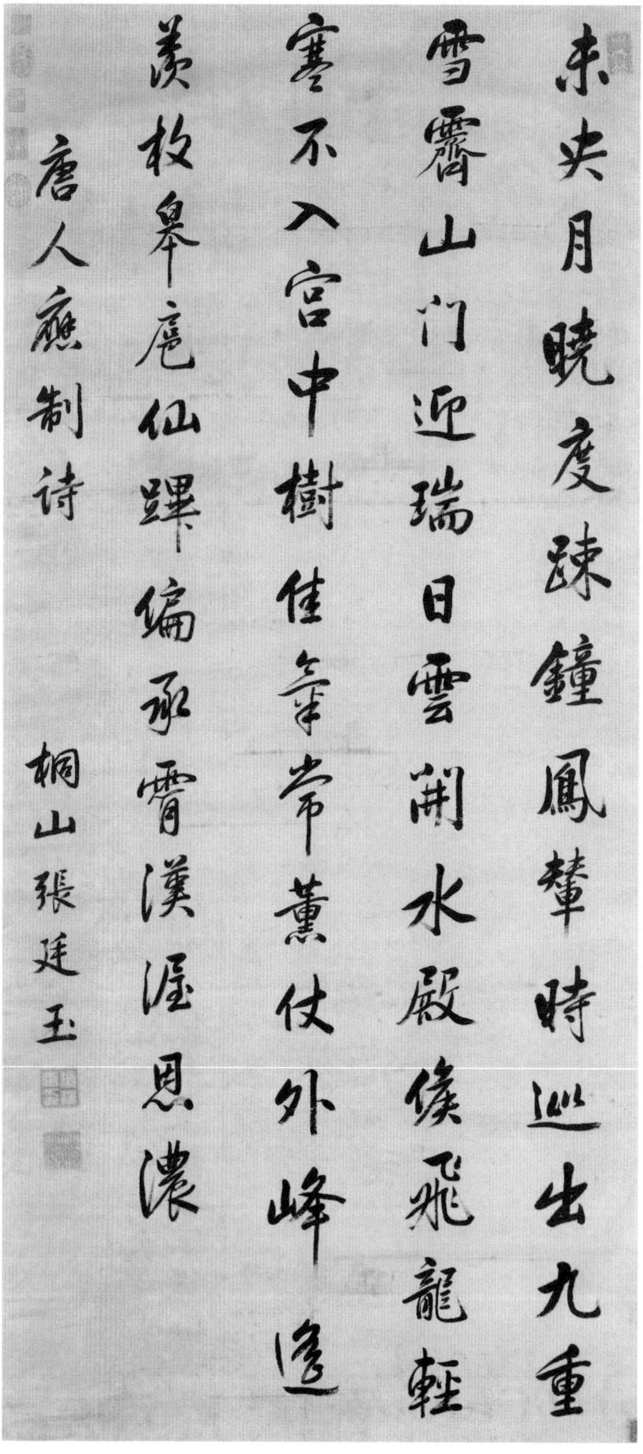

未央月晓度疏钟凤辇时巡出九重

雪霁山门迎瑞日云开水殿候飞龙轻

寒不入宫中树佳气常薰仗外峰逮

渐枚皋庵仙跸编承雷汉渥恩浓

唐人应制诗

桐山张廷玉

泰共事十余年，"往往竟日不交一语"。

张廷玉是康熙、雍正、乾隆三朝元老，老成持重，智慧过人。然而，谁能想到，就是这样一位位极人臣的宰相，竟然晚景凄凉，命运坎坷。

鄂尔泰病故以后，朝廷之中，无人能与张廷玉分庭抗礼。此时此刻，深谙政治之道的张廷玉感觉自己处境危险。于是，聪明一世的张廷玉决定做一回"老赖"，为子孙谋福。

乾隆十三年（1748年）正月，张廷玉陈疏，以老病乞休。

乾隆皇帝降旨："卿受两朝厚恩，且奉皇考遗命，将来配享太庙。岂有从祀元臣归田终老之理？"宣谕慰留。

乾隆十四年（1749年）正月，皇帝下命，如宋代文彦博旧例：十日，一至都堂，议事；四五日，一入内廷，以备顾问。

乾隆十五年（1750年），皇长子永璜刚去世。此时，张廷玉再次上疏，请求回乡。这一次，张廷玉激怒了乾隆皇帝，降旨：以太庙配享诸臣名示张廷玉，命其自审，应否配享。

乾隆皇帝采纳大学士九卿之议，罢张廷玉配享太庙，免治罪。随后，放他归去。

后来，因四川学政、编修朱荃坐罪，命张廷玉尽缴颁赐诸物。为什么朱荃案牵扯到张廷玉？因为，朱荃是张廷玉一手提拔的，任职四川学政；朱荃是张廷玉儿女亲家——朱荃是张廷玉次子张若澄续妻之父；朱荃是大清死敌吕留良的学生严鸿逵案涉案人员！

乾隆二十年（1755年）三月二十日，张廷玉卒于家中，享年84岁。死后，葬于龙眠山。乾隆皇帝仍遵雍正皇帝遗诏，命张廷玉配享太庙。

"烟波钓徒"查翰林

查慎行（1650—1727年），杭州府海宁花溪（今袁花镇）人，清代翰林，著名诗人、藏书家。初名嗣琏，字夏重，号查田，后改名慎行，字悔余，号他山，赐号"烟波钓徒"。晚年居于初白庵，又称查初白。

幼时，查慎行接受传统教育，天性聪颖，受经史于著名学者黄宗羲，受诗法于桐城诗人钱澄之。5岁，"始入小学"。6岁，开始学诗。"通声韵，工属对"。10岁，他因作《武侯论》，名传乡党。19岁，"读书于武林吴山，从慈溪叶伯寅先生学"。23岁，应童子试。54岁，中进士第。

查慎行，与其侄子查升，同时供职于南书房。

查慎行，曾奉旨扈从康熙皇帝前往南海子捕鱼。当时，奉命赋诗一首，诗中有"笠檐蓑袂平生梦，臣本烟波一钓徒"之句。康熙皇帝非常欣赏，后来就以"烟波钓徒查翰林"称呼他，以区别于另一位查翰林。

康熙四十一年（1702年），康熙皇帝东巡，查慎行由大学士陈廷敬等推荐，诏随入京，入值南书房。十月二十八日，康熙皇帝在南书房召试查慎行等十二人。考试结果，查慎行名列第二；第一名是揆叙，明珠之子，曾为查慎行的受业弟子。成绩出来后，查慎行有升仙之感，叹"平生无梦想，今日到蓬莱"。

康熙皇帝对查慎行非常宠信：使其入值南书房，侍从左右；身居要职，特授翰林院编修。

查慎行在《敬业堂诗集》中事无巨细，记述了康熙皇帝的恩遇。

康熙四十二年（1703年）正月初二，查慎行入值南书房。宫中，喜气洋洋。皇帝赐其观赏乐器，查慎行大开眼界，但见箫鼓钟埙，诸乐齐鸣。查慎行写诗，描述了当时的盛况：

编钟编磬列簨簴，楹鼓田鼓齐辉煌。

旌麾奇彩绘螭虎，箫管逸韵含鸾凰。

埙篪柷敔状各异，据图考证殊难详。

（《敬业堂诗集》卷二十九）

正月十四、十五日夜，皇帝召查慎行到西苑观烟火。康熙皇帝赏赐查慎行砥石山绿砚、牡丹、御书扇和玻璃眼镜等。查慎行特别珍惜，感恩戴德，"终身怀袖里，长似拜恩初"。

查慎行深得康熙皇帝器重，侍从左右，委以重任。康熙皇帝御笔亲书"敬业堂"额，赏赐查慎行。

康熙四十二年（1703 年）五月，康熙皇帝要到避暑山庄，命查慎行扈驾随行。出发前，查慎行患腹疾。康熙皇帝特别赏赐他西洋药，并派内侍传示御札："调饮食，最为紧要。医书有云'非湿热不作泻，非停食不作痛'，又云'通则不痛，痛则不通'，人皆知其调理，至饮食之时，则不能矣。"（《查慎行年谱》）同时，皇帝还赏赐他纱葛衣两套。

君臣一行从北京出发，一路往北，过古北口，到行宫检书，又到围场观猎，来回一百二十天。

塞外，风光辽阔壮丽，查慎行写了大量诗歌。其中，《塞外蝴蝶》（《敬业堂诗集》卷三十）一诗，神采飞扬：

罗浮仙种几时来，金粉天生不染埃。

忽见一双同照影，始知隔水有花开。

六月二十日，康熙皇帝在行殿召对诸臣。随后，遣内侍传谕查慎行，说："汝子在束鹿县居官甚清，朕已稔知。"

从避暑山庄回来后，查慎行收到二弟查德尹来信，说在家乡占得营葬父母的吉壤。于是，查慎行向皇帝请假，回家葬亲。康熙皇帝答应，赐其白金二百两、骡马二匹。

▼《避暑山庄图》轴

清　冷枚　现收藏于北京故宫博物院。

陪君伴驾，将近四年，圣恩最隆之时，查慎行却要请假回家，这一走就是一年。查慎行好友，深谙官场之道，诚心劝他不要离开。查慎行说："我老了。皇上以孝治天下，不在此时回乡安葬双亲，是君亲两辜负啊。"

康熙四十六年（1707 年），康熙皇帝第六次南巡。查慎行特地渡江，迎接圣驾。由于丧事没有结束，他跪请延长假期。康熙皇帝淡淡地说："知道了，即从这里回去罢。"

康熙四十七年（1708 年），查慎行假满回京，重新入值南书房。同年五月，康熙皇帝前往避暑山庄，没有命查慎行扈从。十一月，查慎行奉旨，暂停入值南书房。

康熙四十八年（1709 年）四月，查慎行奉旨，和同年钱亮功到武英书局编纂《佩文韵府》。康熙五十年（1711 年）十二月，编纂工作结束。康熙五十一年（1712 年）正月，查慎行奉旨停免内值，赴翰林院供职。至此，康熙皇帝没有让查慎行再入值南书房之意。

查慎行对于侍从康熙皇帝十年，深切感觉官场浮沉两重天，不禁感慨万千：

九年眊笔厕清班，忝窃虚名祇汗颜。

琐闼乍辞疑削籍，玉堂重到许投闲。

劳生分定升沉外，圣主恩深进退间。

（《敬业堂诗集》卷四十）

查慎行入官场前四年，备受恩宠，所作诗文多和皇帝有关；后六年，诗文内容几乎没有皇帝单独赏赐他的记载。

康熙五十二年（1713 年），恭祝完康熙皇帝六十大寿，查慎行乞休归里，家居十余年，筑初白庵以居，潜心著述，人称"初白先生"。

退休后，查慎行六十多岁，三次入幕，奔走他乡，以维持家计。雍正四年（1726 年），因弟查嗣庭讪谤案，查慎行以家长失教获罪，被逮入京。次年，放归，不久郁郁而终。

乾隆皇帝格外器重刘墉

一代名臣

刘墉，康熙五十八年（1719年），出生于山东诸城。他的家族是当时的名门望族：其曾祖父刘必显，是顺治年间进士；祖父刘棨，曾担任四川布政使；父亲刘统勋，是乾隆年间一代名臣。

刘墉成长在名门相府，家族成员世代为官，自小受到良好的教育。

乾隆十六年（1751年），刘墉因为父亲的关系，以恩荫举人身份，参加当年的会试和殿试，考中二甲第二名进士，被授予翰林院庶吉士。他在散馆后担任编修，不久升迁为侍讲，成为其步入仕途的起点。

乾隆二十年（1755年）十月，刘墉父亲刘统勋因为办理军务失宜被下狱，刘墉受到牵连，也被惩治。后来，父子俩得到宽释，刘墉被降为翰林院编修。

乾隆二十一年（1756年）起，刘墉被外放为地方官。从此以后，二十余年，主要在地方为政，他先后担任过安徽学政、江苏学政、太原知府和江宁知府等职。

为官期间，刘墉基本秉承了父亲刘统勋的正直干练与雷厉风行，对科场积弊、官场恶习进行了力所能及的整顿，为百姓做了实事。同时，他积极贯彻皇帝旨意，查办禁书、捉拿会党，得到皇帝的赞许。

乾隆二十一年（1756年）六月，刘墉担任广西乡试正考官；十月，被提

▲ 贡院监考

选自《徐显卿宦迹图》册 明 余士、吴钺绘 现收藏于北京故宫博物院。

拔为安徽学政。刘墉前往安徽赴任之前，乾隆皇帝特意召见他，赐诗，其中有"海岱高门第，瀛洲新翰林"之句，意思是希望刘墉能够不辱门楣，有所建树。

刘墉在任期间，针对当时贡生、监生管理混乱的情况，上疏"请州县约束贡监，责令察优劣"，并且提出了切实可行的补救办法，得到皇帝的肯定。

乾隆二十四年（1759年）十月，刘墉调任江苏学政。赴任前，乾隆皇帝召见，仍然有诗相赠，对他寄予厚望。

刘墉也不辱使命，为政严肃认真。出任学政时，按试扬州，因为把关严格，使得一些想以作弊蒙混过关者，一直不敢入场。

刘墉先后两次提督江苏学政，后期，虽然为官处事风格由峻厉刚急转为平和舒缓，但是，严肃认真的作风一以贯之。

"刘罗锅"

刘墉，博览群书，才华横溢，逸闻典故极多。刘墉、纪昀、和珅，并称为乾隆时期三大中堂。相传，其人聪明绝顶，为官刚正。在民间，有"刘罗锅"之称。

然而，历史上的刘墉是否真是个罗锅，又是否曾中状元，并无确凿史据可考。

据文人笔记记载，刘墉在乾隆十六年（1751年），中进士。相传，当年殿试，前十名卷送到乾隆皇帝御前。刘墉卷，本来列为第一。但是，因为乾隆皇帝想提拔一位平民才俊，而刘墉出身相门，所以，刘墉被乾隆皇帝降格，与状元失之交臂。

民间传言，刘墉的个子很高，常年躬身读书写字，背看上去有点驼，因此，产生了"刘罗锅"的说法。有史料指出，嘉庆皇帝曾称刘墉为"刘驼子"，此语成为"刘罗锅"说法的出处。

不过，刘墉当时已是年届八十岁的老人，有些驼背弯腰本在情理之中，并不能成为刘墉是"罗锅"的证据。

上书房师傅

刘墉曾任上书房师傅，晚年时，一直在南书房工作。南书房匾额上的"南书房"三字，就是出自刘墉手笔。

去世前两天，嘉庆九年（1804 年）腊月二十二日，他在南书房值班时，依然十分健谈。当时，他召来在附近懋勤殿写字的大臣英和聊天。英和，同为南书房翰林，但是，他比刘墉年轻五十岁。刘墉给英和讲宫中旧事，娓娓讲述雍正、乾隆初年发生的故事。

时间到了，该下值时，刘墉走出南书房。但是，没走几步，他又转身回来，继续对英和讲宫中旧事。最后，刘墉站起来对英和说："我累了，别忘了给我写传记。"

刘墉不仅是政治家，其书法造诣亦深厚，是清代著名的帖学大家，被世人称为"浓墨宰相"。

嘉庆九年（1804 年）十二月病逝，时年 85 岁，追赠太子太保，赐谥号"文清"。

首席军机大臣和珅

乾隆晚年，和珅任领班军机大臣。同僚共事者，是状元出身的王杰。

王杰（1725—1805 年），字伟人，号惺国，陕西韩城人。乾隆二十六年（1761 年）状元、名臣，清代陕西第一名臣。初在南书房当值，后历官内阁学士、刑部侍郎，转调吏部，擢升右都御史；乾隆五十一年（1786 年），出任军机大臣，上书房总师傅；第二年，出任东阁大学士，总理礼部。嘉庆皇帝登基，仍为首辅。

王杰在朝四十余年，忠勤耿直，老成持重，不结党，不营私，不趋炎，不附势。嘉庆十年（1805 年），王杰去世，享年 81 岁，被追赠为太子太师，谥号"文端"，祀于北京贤良祠。

和珅是首辅，权势十分显赫。王杰是乾隆皇帝钦点的状元，颇受皇帝器重。两人同在军机处，并无私交。

政务之余，王杰喜欢默坐，尽量与和珅保持最远的距离。

一天，和珅心情很好，主动走近攀谈，高兴地拉着王杰的手说："嗯，何柔荑乃尔？"意思是：嗯，你的手咋这么柔软？王杰皱着眉，严肃地说："杰手虽好，不会要钱耳！"和珅满脸的笑容一下凝固了，扫兴地独自走出军机处。

和珅很自负，对于另一位朝臣梁国治，他就很不客气，而且，有时有点肆无忌惮。

梁国治（1723—1786 年），字阶平，号瑶峰，浙江会稽（今绍兴）人。乾隆十三年（1748 年）进士，殿试头名状元，由修撰累官东阁大学士兼户部尚书。以经术勤吏治，清俭自守，好学爱才，做人严谨，治事缜密，著有《敬思堂文集》，曾充任《四库全书》副总裁。卒，谥"文定"。

梁国治为人宽厚，纯朴恭敬。和珅觉得他性格内向，软弱可欺，常常欺负他。对此，梁国治从不回应。

据说，梁国治一生从不着急上火，从不疾言厉色。有一天，和珅在军机处心情极好，嘻嘻哈哈，竟然拿出佩刀，割下了梁国治的一绺头发。而梁国治坐在那里从容不迫，毫无怒色。

状元

◀ 状元　年画

军机处楹联、匾额的由来

雍正皇帝手书楹联

当时，雍正皇帝重用两位军机大臣：鄂尔泰、张廷玉。然而，两人却不和。因此，雍正皇帝手书一联，劝和："一团和气榜枢堂，水火调停鄂与张。"

张廷玉虽为人谦和，但是，他与鄂尔泰同在军机处共事，十几年间，竟如同陌路。鄂尔泰觉得，张廷玉是心胸狭窄。

一年夏天，鄂尔泰进入军机处，便摘下帽子，想凉快一下。可是，环顾小屋，没有放帽子之地。鄂尔泰自语："这帽子放在哪儿好？"张廷玉冷笑："我看，还是放在自家头上为妙。"鄂尔泰闻言，一下子愣住了。随后几日，鄂尔泰一直闷闷不乐。

"喜报红旌"木匾

清道光年间，军机处西边的过门之上，悬挂着道光皇帝的御笔上谕，严禁太监站到军机大臣议事的军机处廊檐下，以防他们探听政务。

清咸丰年间，军机处东壁上悬挂一块咸丰皇帝御笔木匾："喜报红旌"。

喜报，意思是喜讯，令人振奋的消息；红旌，意思是红色的旗帜，表示前线报捷。

林凤祥，太平天国北伐军主帅，广西桂平人。早年，参加洪秀全的金田起义，由御前侍卫一路升职。1853年五月，洪秀全、杨秀清决定挥师北伐，以林凤祥为主帅。十月，大军抵达天津静海，洪秀全封他为靖海侯。因为后勤不继，林凤祥等待援军。粮尽衣单，走投无路，林凤祥突围南撤，遭到僧格林沁大军的追击、围剿，伤亡惨重。

当时，得知太平天国天京副相林凤祥率领北伐大军，渡过黄河，急攻怀

⬆ 军机处内景一角

庆。咸丰皇帝十分惊慌，紧急命令直隶总督讷尔经额为钦差大臣，理藩院尚书恩华、绥远将军托明阿帮办军备，率领八旗大军，救援怀庆。钦差大臣率领清军，进驻清化镇。内阁大学士胜保，率领清军从南方北上，追击林凤祥军，驻扎在怀庆城东。山东、直隶、山西各路清朝援军陆续到达，人数2万余人，将林凤祥北伐军团团包围。

林凤祥临危不惧，一方面，环绕怀庆筑起土城，土城之外，挖掘壕沟；另一方面，包围怀庆，对抗源源不断的清援军。每次激战，林凤祥、李开芳、吉文元等将帅总是身先士卒，勇往直前，清军不能抵挡，望风溃散。但是，太平军长期困守，导致后勤补给跟不上，火药、粮食渐渐枯竭，而清军各路援军源源不断，形势十分危急。

七月二十八日，林凤祥秘密下令：各营将军中羊、狗等倒吊起来，让羊、狗前蹄击鼓；营中，焚烧柴草，好像在大量做饭，以迷惑清军；然后，各营悄无声息，偃旗息鼓，偷偷地越过壕沟，向北撤退。几天以后，清军才发现，太平军已经逃走！

清军主帅讷尔经额害怕承担责任，立即上疏皇帝，谎报军情，伪造取胜，报告取得怀庆大捷。咸丰皇帝喜出望外，以为平定了太平天国北伐军，于是，御笔一挥，亲笔题写"喜报红旌"大匾，赏赐讷尔经额。

事实上，此时此刻，太平天国北伐军已经越过了王屋山，顺利地进入了山西。后太平军一路过关斩将，攻克直隶军事重镇临洺关，讷尔经额溃走。咸丰皇帝知道后十分震怒，褫夺讷尔经额职，将其打入大牢。但是"喜报红旌"匾额无处可放，咸丰皇帝命人将之挂到军机处东壁上，以此警醒各位军机大臣。

"一堂和气"大匾

一堂和气，本意是指态度和蔼可亲。此语出自宋管鉴之词《好事近》。

《好事近·为妻寿》：

> 鸳瓦晓霜浓，酒力渐消寒力。好是一堂和气，胜十分春色。
>
> 鬓翁笑领彩衣郎，同祝寿千百。看取明年欢宴，更强如今日。

"一堂和气"，是雍正皇帝御笔亲书匾额。雍正六年（1728 年）十月十九日，奉旨制作。雍正七年（1729 年）四月十一日，挂于圆明园"西峰秀色"新盖殿阁处。此处的"一堂和气"匾，应为雍正御笔的另一幅匾额，因隆宗门内的军机值庐也有雍正御笔的"一堂和气"匾。

据史书记载，光绪年间，"一堂和气"原来的大匾被帝师翁同龢收藏。

清雍正皇帝书法，师法米芾。此匾，笔力遒劲，力透纸背。

当时，恭亲王是领班军机大臣，主持和负责军机事务。翁同龢，是光绪皇帝的老师。他喜爱书法，特别喜爱雍正皇帝御笔匾额，特地向恭亲王讨要，居然获得了。

翁同龢获得皇帝御笔匾后，特地制作了一个同样的木刻匾，交回军机处。现在，军机处墙上所展示的照片，即是后来翁同龢的复制木刻匾。

义门先生

自号义门

何焯（1661—1722年），初字润千，更字屺瞻，号义门、无勇、茶仙，晚年多用茶仙，江苏长洲（今苏州）人，寄籍崇明，为官后迁回长洲。清代著名学者、书法家。先世曾以"义门"旌，学者称"义门先生"。

何焯学识渊博，当时，以通经史百家之学，长于考订而享有盛名。在考据学上，他很有造诣，对坊间出版书籍的错误都可一一订正。何焯、笪重光、姜宸英、汪士鋐，并称为康熙年间"帖学四大家"。当时，人们争索何书，更有好事者以重金争购其手校本。他的书法精妙，楷书作品《桃花园诗》，简静疏朗，清雅古穆，为书迹中的上上之作。

何焯25岁时，以拔贡生进京城，被尚书徐乾学、祭酒翁叔元收为门生。何焯秉性耿直，遇事直言辩正，因而常遭妒忌和中伤。后来，徐乾学对他渐生恶感。何焯上书徐乾学，要求削去门生名义。从此以后，六次应考，均被排挤。

康熙四十一年（1702年），康熙皇帝南巡，访觅逸贤。何焯经李光地推荐，通过考试，被安排在南书房供职，赐为举人。

康熙四十二年（1703年），何焯中癸未科二甲第三名，赐为进士，选为庶吉士。后来，他奉旨到皇八子府，当皇子侍读，兼任武英殿纂修。康熙四十三年（1704年）赐为举人，试礼部下第，复赐为进士，值南书房兼武英殿编修。

"老头子"轶事

有一则笑话十分真实，就发生在南书房。

当时，翰林何焯供职于南书房。

有一年夏天，天气暑热，何焯无所事事，于是脱了衣服，光着身子，闲坐在南书房屋里。

这时，万万想不到，康熙皇帝会突然驾临。何焯来不及穿衣服，慌乱之下，就躲进了冬天烧炕的炉膛里。关好炉门，良久，何焯不知道炉外的情况，听不清外面的任何声音。过了许久，何先生以为康熙皇帝走了，便用吴地口音，大声地问同僚："老头子去否？"

此时，康熙皇帝正坐在炕外，听得真真切切，不禁大怒。当时，康熙皇帝60岁了，何焯比皇帝年轻十岁。但是，"老头子"之称，对于至高无上的皇帝来说有点儿戏，太不恭敬。

康熙皇帝强压怒火，质问他，为什么用"老头子"三字称呼皇帝？何焯十分聪明，应声回答："皇上，先天不老之谓老，首出庶物之谓头，父天母地之谓子。非有心诽谤也。"康熙皇帝听后，转怒为喜，非常佩服何焯的学问，没有治他的罪。

何焯是典型的书生，一生为人迂腐，不拘小节，有的时候，说话、做事甚为荒唐。

乾隆年间，大才子纪晓岚任《四库全书》总纂官，风流轶事更多，影响力远远超过了何焯。经过几番嫁接，"老头子"之趣闻主角，由何焯和康熙皇帝，渐渐演变成了纪晓岚和乾隆皇帝。

桂樹團圝倚小
山瓦盆別置倍
幽閒天香靜把
忘塵味一幅黃
庭未可删

《香林挥翰图》

宋　佚名　现收藏于中国台北故宫博物院。
读书人在桂花树下写字，寓意摘得桂冠、拔得头筹。

266

王际华独独获得乾隆皇帝 24 张御笔"福"字

乾隆以前，皇帝在乾清宫或养心殿书写"福"字，时间是在除夕之前。

自乾隆开始，皇帝于每年的十二月一日，例行在重华宫的漱芳斋书写"福"字；有时，皇帝也在建福宫书写"福"字，称为"嘉平书福"。

清代历任皇帝书"福"字的笔，都是康熙皇帝传下来的那支"赐福苍生"笔。这支笔到清末时仍在，安放在乾隆皇帝为其专做的檀木匣中。王公大臣每年十二月，翘首以待，期盼皇帝赐"福"，都以获得皇帝赏赐的"福"字为无上荣光。

乾隆十年（1745 年）三月，朝廷在紫禁城西部太液池北岸，建造阐福寺。第二年八月，寺庙告成，成为皇帝的专用寺庙。

乾隆十七年（1752 年）开始，每年十二月初一，嘉平之日，乾隆皇帝会先到阐福寺烧香；然后，回到重华宫，首领太监恭陈设龙笺、"赐福苍生"笔，皇帝挥毫泼墨，御笔书写"福"十余幅，悬挂在各大宫殿，赏赐给王公大臣。

据档案记载："书福之笺，质以绢，传以丹砂，绘以金云龙。宫廷所贴用者，及朱红对笺、寿字笺，岁由江苏按照尺度制进，颁赐笺，则南省方物所陈也。"

王际华（1717—1776 年），字秋瑞，号白斋，浙江钱塘（今杭州）人。乾隆十年（1745 年）一甲三名进士（探花），授予编修。乾隆十三年（1748 年），朝廷大考，迁侍读学士、上书房行走。随后，由广东学政三迁至侍郎，历任工部、刑部、兵部、户部、吏部诸部，政绩卓著。乾隆三十四年（1769 年），迁任礼部尚书。乾隆三十八年（1773 年），加太子少傅，晋户部尚书。乾隆四十一年（1776 年），去世，终年 59 岁，赠太子太保，谥"文庄"。

特别值得一提的是，乾隆时期，王际华受到乾隆皇帝的特别信任，担任尚书 31 年，有幸先后得到乾隆皇帝赏赐的"福"字 24 张。王际华精心装裱御笔"福"字，悬挂在大堂内。大堂有御笔书"福"，变得蓬荜生辉，王际华特地命名收藏御笔"福"字的大堂为"二十四福堂"。

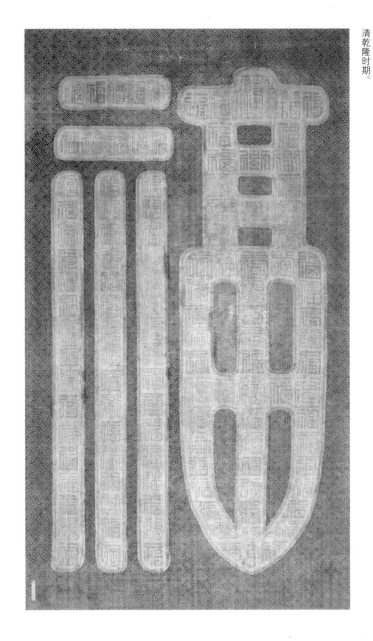

紫禁城中大总管

清代禁止太监干政

清代皇帝鉴于明代之亡，原因之一是亡于太监，因此，清历代皇帝非常注重防患于未然，禁止太监干政。

顺治时期，吴良辅辈煽立十三衙门，擅窃威福。顺治皇帝遗诏，发奸严惩。

雍正年间，皇帝再三防范内监家属，敕令内官严格约束，不许干政，否则严惩不贷。

乾隆年间，立法峻厉，太监高云从稍豫外事，张凤盗毁金册，乾隆皇帝从重惩处，并正刑法。

乾隆皇帝车驾临幸滦阳时，巡检张若瀛杖责不法内监。乾隆皇帝给予嘉奖，特擢七级，并且颁行内监则例，俾永遵守。乾隆皇帝降谕："明代内监多至数万人，蟒玉滥加。今制宫中苑囿，综计不越三千。"

同治元年（1862年），御史贾铎上疏闻内监演剧，裁贡缎为戏衣，赏费几至千金，请求停止。但是，慈禧太后偏袒，未闻纠罚。同治八年（1869年），太监安德海奉旨出宫，招摇过市。山东巡抚丁宝桢以安德海"冒名钦差，织办龙衣，船飏旗帜"之罪，将他就地正法，朝野惶骇。

光绪十二年（1886年），御史朱一新疏陈李莲英随醇亲王巡阅海口，易蹈唐代覆辙。

光绪二十七年（1901年），总督陶模疏陈近日宦官事微患烈，弊政宜除。书上不报。

有清一代，虽然有安德海、李莲英之流，依恃慈禧太后的宠信弄权营私，但从总体上看，基本上处于可控状态，没有形成祸害。

◀ 清朝宦官
选自《燕京胜迹》，现收藏于中国国家图书馆。
宦官，即皇宫中的太监，又称内官、内侍等。

271

敬事房

清朝有一个专门管理太监的机构——敬事房。有人说，敬事房从明朝开始设立，这个说法并无史料记载。

清朝时，确实有这个机构。敬事房，康熙十六年（1677年）设置，属内务府，主要职责包括：掌奉行谕旨及内务府文书，管理宫内事务及礼节，收核外库钱粮，甄别调补宦官，并巡查各门启闭、火烛关防。

由此可见，敬事房有四大主要职责：

一是管谕旨及内务府文书，相当于管文书的档案局；

二是管太监，包括招募、训练、调动等，相当于专管太监的人事局；

三是管外库财务，相当于管外库的财政局；

四是管宫门开关和消防，相当于专管安全的安全局。

四大职责中，最值得注意的是"管理宫内事务及礼节"和"甄别调补宦官"。"甄别调补宦官"，就是专门管太监，包括太监的招募、训练、奖惩、调动、任免等，自然就包括了阉割太监这个最初始的环节。

"管理宫内事务及礼节"，就是说宫内的事儿它都管，其中就包括各种形式的礼仪和活动，也包括皇帝和嫔妃的床笫之事。

敬事房总管

掌管敬事房的太监，称为大总管、副总管。所以，敬事房是清代太监首领的值班房。

入宫三十年，资深太监才有资格充任太监首领；官品，不得超过四品。这个限定，在慈禧执政时期被突破了。

敬事房，隶属内务府，负责管理太监和宫女事务。其主要职务有：

敬事房，兼读满字、汉字、蒙字书房，总管三人。

宫殿监，有督领侍一人，正侍二人，副侍、总管六人。专司遵奉谕旨，承应宫内事务与其礼节，收核外库钱粮，甄别调补内监，并巡察各门启闭、火烛关防。

乾清宫：首领四人；执守侍、侍监各二人。专司供奉实录、圣训，江山社稷殿香烛，收贮赏用器物，并司陈设氾埽，御前坐更。

乾清门：侍监首领二人。专司御门听政，宝座黼扆，晨昏启闭，稽察臣工出入，登载南书房翰林入值、侍卫番宿。

四执事：执守侍首领一人。专司上用冠袍带履，随侍执伞执炉，承应上用武备，收贮备赏衣服。

四执事库：侍监首领一人。专司上用冠袍带履，铺设寝宫帷幔。

御药局：兼太妃、太嫔以次各位下药房，侍监首领，二人。专司带领御医各宫请脉，及煎制药饵。

交泰殿：侍监首领二人。专司尊藏御宝，收贮勋臣黄册，并验钟鸣时刻。

坤宁宫：兼坤宁门侍监首领，二人。专司祭神香烛，启闭关防，后改置执守侍首领、侍监副首领各一人。

东暖殿：兼永祥门；西暖殿，兼增瑞门。执守侍首领、侍监副首领各一人。专司陈设氾埽，关防坐更。后省副首领各一人，首领改侍监为之。

御茶房：执守侍首领三人，侍监副首领四人。专司上用茗饮果品，及各处供献，节令宴席。后省总管一人。

御膳房：执守侍总管三人，侍监首领十人。专司上用膳馐，各宫馔品，及各处供献，节令宴席。后省总管一人、首领二人。

另外，还有毓庆宫、斋宫、御花园、鸟枪处、钦安殿等处，各有侍监首领，各司其职。

何为登堂入室

中国人对于居室一直是比较讲究的。中国人的居室是宫院式的，有门，有院，有堂，有室，有房，居室占地面积较广，卧室注重隐秘，这些与西方高大开阔、敞开式的窗户，似乎与上帝心心相接的楼堡式建筑完全不同。

中国古人把居住的地方称为宫或室，宫和室实际上是一个含义。

中国最早的字典《尔雅》中说："宫谓之室，室谓之宫。"宫与室在古代，就是一个意思。后来，宫与室有了一些区别：宫是指整栋房子，包括围墙在内的所有居住空间；室则仅仅指房子中的一个部分或一个居住单位。到秦汉以后，只有帝王们居住的地方，才许被称为宫室。

中国古代的住房，上有顶，下有基，中间住人，这是中国特有的"三财合一"的建筑文化：屋顶法天，地基法地，中间是人，就是天、地、人三财合一。

中国古人讲究居室坐北朝南。房子前是大院，院门是门面，较为讲究。进入院门，就是临门而立的影壁。房子的前一部分是堂，是家庭举行大礼的地方，通常不住人。堂的东西两壁壁墙，叫作序，堂内近序的地方可称为东序、西序。堂的后面有墙，与住人的居室分开，保持独立。堂的后面就是室，是住人的地方。中国古语的"登堂入室"，就是指走进了室内。

堂的东西两侧，与堂相连而平行的房子，称为厢、阁：东序、西序外的小夹室，称为阁，又叫东夹、西夹；阁前的房子称为厢，又叫东堂、西堂。

室是住人之所，室的两边有东房、西房。室和房都有户，与堂相通。室户在东，户西的窗口称为牖，北向的窗口叫作向。

中国古代的居室，通常要建造在高出地面的台基之上，这就有通往室

⚠ 民间四合院

选自《苏州市景商业图》册 清 佚名，现收藏于法国国家图书馆。
这座院落正在举办结婚仪式，一对新人在亲朋好友的注视下正在大堂内拜堂成婚，众人所在的位置便是堂。

内的阶。堂、室、厢、阁之前都有阶，只有升阶，才可以登堂，才可以入室——由升阶而入堂，这就是古人升堂的意思。

秦始皇建都咸阳，他的宫室遍及咸阳城内外二百余里，建有二百七十余座。从此以后，中国历代的皇帝都不遗余力地建造自己喜欢的宫室。

自汉代以后，皇家宫室有宫，有殿，有堂，有室，有房，有廊，有台，

▼《阿房宫图》卷（局部）

宋　赵伯驹　现收藏于爱尔兰都柏林切斯特·比替图书馆。
阿房宫是秦朝修建的宫殿建筑群，被誉为"天下第一宫"。

有阁，有榭，有观，有阙，有池。例如，长乐宫、未央宫，清凉殿、临华殿，朱雀堂、玉堂、画堂，宣室、温室，椒房，游廊，柏梁台、灵台，飞廉观，太液池。高而平的地方称为台，用于瞭望；台上面的建筑称为榭，榭只有楹柱，没有墙；宫门外高大的建筑物称为观，两观之间有豁口，叫作阙。

　　明清两代皇帝生活的紫禁城，是中国古建最为完备的建筑，分为前朝、后廷两大部分：前朝以三大殿为中心，后廷则以后三宫为中心，两边是东西六宫。

小小的寝宫和不大的龙床

朴素窄小的寝宫

养心殿，是清代皇帝的寝宫。清朝雍正、乾隆、嘉庆、道光、咸丰、同治、光绪、宣统八位皇帝，他们住在紫禁城内，通常情况下，养心殿是他们唯一的寝宫。

据档案记载，乾隆皇帝25岁即位，为父皇雍正皇帝守孝27日之后，正式入住养心殿，在这里生活、起居、理政，这一住就是64年。"养心殿"之名出自孟子的一句话。孟子说："养心，莫善于寡欲"，意思是说：修养心性最好的办法就是减少欲望，清心寡欲。

养心殿，建筑较为独特。养心殿及其配殿，呈"工"字形结构，前后殿，12楹。前殿、后殿之间有一道南北向的穿堂，将前殿、后殿连接。通常，皇帝在前殿东暖阁起居，于西暖阁理政。后来，皇帝的起居室移到后殿正中偏东间。前殿东暖阁，用来召见臣工。

养心殿前殿七楹，面宽三楹，进深四楹，为当阳正座，中设地平，正堂正中高悬雍正皇帝手书匾额"中正仁和"。匾额下方设皇帝宝座——红木龙椅。龙椅之前，设金丝楠木黄缎御案。正殿东壁，为乾隆皇帝御制《养心殿铭》；西壁，为御题董邦达绘《溪山清晓图》。北墙，为书格。座后左右各有一门，达于穿堂，通向后殿。

◐ 养心殿

◐ 养心殿东暖阁宫门

282

后殿，面宽五楹，中设宝座。东西次间，为暖阁。东暖阁二楹，自室中西北折而东南，上为仙楼，下为温室，设宝座。阁中，悬挂匾额，寄托所、随安室、明窗，如在其上。往西，为乐天、长春书屋、梅坞。乐天，为皇帝寝宫。

后殿正中偏东一间，就是皇帝的寝宫。龙床是金丝楠木雕花架构，上方悬挂着"又日新"匾额。"又日新"出自《礼记》："汤之盘铭曰'苟日新，日日新，又日新'。""日新"之含义，就是日日求新，永远保持一种初始的、兴盛的状态。《易经》曰："富有之谓大业，日新之谓盛德。"

皇帝的寝室分成两个隔间。有卧床者，是稍东一间。其西一间，是入睡前和起床后梳洗、更衣、饮茶之地。北墙上悬挂着"天行健"匾额。与卧间分隔的门上写着"自强不息"的横幅。

养心殿后殿，是能够看到的唯一一处中国皇帝的卧室，其朴素之程度和面积之窄小，超出了人们的想象。当然，这不是清帝唯一的寝宫。清帝们"冬居紫禁夏居园"，紫禁城是皇帝的冬宫。每年春天到深秋，皇帝经常在圆明园、西苑瀛台、承德避暑山庄之间选择居住；从入冬到次年早春，则入住紫禁城。

养心殿后殿，皇帝寝室之东有数楹房间，便是皇后寝居之所。

养心殿前后殿之间有东、西两排围房，是皇帝宠爱的嫔妃居所。东围房，称为"同和殿东围房"；西围房，称为"燕喜堂西围房"。同时，这些嫔妃在东西六宫之中，亦有各自的住所。

后妃居所，房间布置素雅，干净整洁。铺垫有：大红缎绣子孙万代双喜帐子，红缎床褥、被子，两副板帘，大褥一席，坐褥四个；楠木家具、摆设、瓷器用品；等等。

龙床不大

皇帝的寝宫之床称为龙床，通常设在内室，十分精致。龙床外面，是紫

● 养心殿皇帝寝宫

檀木镂空雕花的通顶木床罩。床罩内是细绣精织的丝罗帐幔，帐幔上绘绣着亭台楼阁、花树人物和百子彩画以及祥云福寿纹饰。

龙床不大，为长方形，三面屏式床围，黑中泛紫的颜色，古朴深邃，浑身散发着幽雅的光泽。内室略显暗淡，黑色的龙床很幽静，人躺在上面，很快就能安静下来，三省吾身，扪心自问，弛然而卧，想满天的星星，听美妙无比的天籁之音，好好地休养身心，梦稳心安。

乾隆皇帝的龙床，通常的规格是长 205 厘米，宽 110 厘米，高约 90 厘米。正面床围分成中、左、右三个部分，上面是描金的回纹花边，屏心部分则是人物、花树、祥云、楼阁。床前有床踏，床的两端也是屏式床围，床围上同样雕绘着山水人物、梅树祥花。

床有床屉，床屉的边缘是描金彩绘的夔龙纹饰。床有床腰、床脚，腰、脚之间也是象征着富贵长寿的描金蝙蝠图案和莲花寿字纹。床足是内翻马蹄式的，上面雕绘着花纹。

　　龙床床铺之上，悬挂着床罩、床帐、床幔。床罩、床帐、床幔因季节不同，采用不同质地的用品，主要是丝、罗、锦、麻之类的贡品。床铺底层铺以毡褥，既是垫厚，又用于防湿防潮。毡褥上面，是丝绒床垫和绸缎被褥，被褥上通常精绘细绣着福寿多子的吉祥龙凤图案，比如鸳鸯戏水、龙凤呈祥、百子争福、三羊开泰，等等。

　　皇帝的龙床，较为精致，十分精美，包括：床屉、床围、立柱、月洞门、倒挂牙子和床顶。各个部位均用活榫连接，可以分解和组合。床身正面，是椭圆形门罩，俗称月亮门。

　　床围，雕如意云头纹，加十字形构件，形成透棂。床面，为棕屉，铺花眼藤席。床面下是高束腰，周围是竹节形 16 格，格内镶板，上面浮雕花鸟蔬果。四面牙板，对称浮雕螭纹、卷草纹。四腿三弯式，云纹足。

　　乾隆皇帝的龙床上铺的是灯芯草，是一种药草，有益于身心健康，性甘、微寒，降心火，通气血。中医讲：心火降，气脉通畅，称为泻肺。心火降，血气通，气脉畅。

　　乾隆皇帝对于居室的要求"不高"，要求干净整洁，一尘不染。

皇帝每天黎明前就起床？

皇帝君临天下，必须勤政爱民。每天，皇帝黎明前就起床。准确地说，是每天寅时，相当于凌晨4点，皇帝就在起床了。

皇帝在近侍太监、宫女的侍候下，迅速穿戴、洗漱、梳理。然后，来到西暖阁，静心地阅读历朝《实录》或《圣训》一卷。

冬春时节，皇帝通常在辰时（早7点）进早膳；夏秋时节，皇帝在卯正（早6点）进早膳。

皇帝的早膳主要包括：冰糖炖燕窝一品、竹节卷小馒头一品、鸡蛋糕一品、卷澄沙包子一品、银葵花盒小菜一品、银碟小菜四品。

◀ 清朝御用食盒

小菜之中，乾隆最喜爱的是吉祥菜，又称拳头菜、龙头菜、猫爪子，也被称为"山菜之王"。未展开的叶芽，沸水烫后，清泉浸泡，去异味，有清肠健胃，舒筋活络的效果。

　　早膳快结束时，近侍太监上前，例行呈给皇帝一个盘子，上面整齐有序地排列着数个或数十个木牌。这些木牌因为是在皇帝进膳之时呈上的，因此，被称为膳牌。

　　膳牌，是用薄木片制成的，涂以白油粉，宽一寸，长约一尺，顶端一寸之地，涂以红色、绿色：宗室王公是红头签，文武大臣是绿头签。

　　膳牌上写着官员的姓名、爵位、职务等。不论是王公大臣入朝奏事，还是外省文武官员觐见皇帝，均事先须将自己的膳牌递交给奏事处。每天，皇帝在早膳之时，决定当日召见哪些大臣，就将大臣的膳牌留下。

　　吃过早膳之后，皇帝一天繁忙的政务工作就要开始了。

◯ 清　翡翠水果盘摆件

"叫起"

乾清门前朝房，称为九卿房。

九卿，是中央部分行政长官的总称。西周时期，就有九卿：天官冢宰、地官司徒、春官宗伯、夏官司马、秋官司寇、冬官司空和少师、少傅、少保。

明清之时，分为大、小九卿。明代，六部尚书、都察院都御史、大理寺卿、通政司使称为"大九卿"。清代，通常称六部九卿，包括：都察院、大理寺、太常寺、光禄寺、鸿胪寺、太仆寺、通政使司、宗人府、銮仪卫。

被召见的大臣，分组召见，称为"起"。每"起"宣召，由奏事处太监传叫，谓之"叫起"。被叫到的大臣按序进入乾清门，由乾清门向西，出月华门，进入养心殿。唯独军机大臣可以直接走内右门，进入养心殿。一"起"，有时是一人，有时是数人，由皇帝决定。

重要大臣、特别大臣，常被皇帝单独召见。乾隆皇帝常常单独召见大臣，他认为，这样做办事快捷，简单明了。但是，乾隆皇帝的儿子嘉庆皇帝例外，他是中国皇帝之中明确反对单独召见大臣的君主。嘉庆皇帝认为，单独召见时大臣可能有私心杂念，结果会导致皇帝被蒙蔽。

清廷规定，每一位任职的中级以上官员，上任之前必须接受皇帝的召见，称为"引见"。"引见"之时，皇帝核实其身份，察看实情，简单提问。官员必须如实回答，恭听皇帝训谕。届时，大臣由其上级堂官带领"引见"。

"引见"之时，堂官从养心殿正堂左扉进入，跪在御座左前方；被引见者，则在殿外台基之上，跪见皇帝，如实奏报自己的履历。

召见大臣时，按序进行：先见六部大臣、外省大臣；然后，皇帝接见军机大臣，面授谕旨；最后，皇帝接见新上任的官员。

乾隆年间，养心殿西暖阁西门上，张贴着各省总督以下、知府以上和将军以下、总兵以上之文武官员姓名；西壁上张贴着天下缺分（官职）繁简单，也就是全国各地政务繁简一览表。

乾隆皇帝每天面对官员表和繁简单，考虑人事和政务安排。乾隆皇帝感慨，作诗咏诵："六卿近分职，日觐切畴咨。"

退朝之后，皇帝不能休息，第一件事就是前往太后宫中，向太后请安。接着，依据政务繁忙情况，或者安排侍讲学士，进讲四书、五经；或者召见大臣。至于召见大臣，皇帝也可以临时决定。

● 诏儒讲经

选自《帝鉴图说》法文外销画绘本　明　佚名　现收藏于法国国家图书馆。

这则典故讲的是汉宣帝召集大臣和学者讲论四书五经的故事。

"天下第一洞房"

清代时，雍正皇帝决定，皇帝不再居住在乾清宫，而搬到养心殿居住；皇后也不在坤宁宫居住，而是选择东西六宫中之一所宫院作为寝宫。

从此以后，坤宁宫主要是大清皇帝大婚和宗室祭神之场所。

皇帝举行大婚时，按照清宫规定，坤宁宫东暖阁就是皇帝、皇后大婚的洞房，人称"天下第一洞房"。

据档案记载，清朝时期，在坤宁宫中大婚的皇帝只有三位：康熙、同治、光绪。其他皇帝，在登基之前就已经成婚，在位时期不再举行大婚。当然，皇帝在位期间，即使册立新皇后，也不再举行大婚仪式。

皇帝大婚，是宫廷中难得一遇的特大喜事。皇家会拨出专款，筹备皇帝大婚。宫廷筹备大婚时，要将坤宁宫全面布置，焕然一新：

东暖阁中，铺设着皇帝专用的龙凤喜床；喜床上，放着一个宝瓶；宝瓶中，装着金银、珠宝、粮食谷物等。

龙凤喜床上，悬挂着喜帐；喜帐上，精心绘绣着五彩缤纷的百子图案。

喜床上，摆放着皇帝御用床褥，是大红色真丝缎，缎上绣着龙、凤、双喜字；喜床上，摆放着大婚被子，是宫廷特制的彩绣百子图明黄被和朱红缎子被。

皇帝大婚之日，紫禁城焕然一新：各大宫门、殿门，高高悬挂着彩灯；彩灯呈红色，在阳光照耀下，显得格外喜庆；主要宫门上，贴着喜庆的门神和对联；太和门、太和殿、乾清门、乾清宫、坤宁宫，全部用双喜字红绸精心装饰，让人感到喜气洋洋。

⚠ 清朝皇帝大婚喜轿

⚠ 清朝皇帝大婚御用喜字龙凤蜡台

⚠ 清朝皇帝大婚御用喜字桌灯

"天下第一家宴"

清宫，每年除夕和元旦，均按例在乾清宫举行家宴，由皇帝亲自主持，人称"天下第一家宴"。

乾清宫家宴分为两场，一是除夕夜家宴，皇帝与后宫女性的家庭宴会；二是元旦家宴，皇帝与皇子及宗室诸王的家庭宴会。

严格地说，乾清宫家宴是指除夕夜家宴，是皇帝与后妃们的欢聚宴会。

中国宫廷中，无论是大型典礼，还是小型家宴，从来没有出现过男女欢聚一堂的宴会、聚会场面，这是中国自古以来礼制所明确规定的。

只有皇帝，能和后宫中的女性成员一起聚会饮宴。皇子，作为皇帝的儿子，除幼龄小儿以外，任何一个，若没有奉旨，不得参与。

准确地说，中国古代宫廷之中没有一次真正称得上合家团聚的家宴。

乾清宫家宴，非常隆重。皇帝的御筵，设在皇帝御座前。皇后的宴座，设立在皇帝的左前侧。嫔妃们的筵席，设立在皇帝御座前的殿庭之中，东西相向。

清廷规定，乾清宫家宴，包括：除夕宴、皇帝万寿宴，以及各种节令宴，如上元节、端午节、中秋节、重阳节、冬至节，等等。

皇帝出席外朝活动，主持王公大臣、皇子皇孙、文武百官等共同进行的宴会之后，回到皇宫，再主持和皇后、嫔妃们家宴活动：若皇太后健在，皇宫家宴就以皇太后为中心；如果皇太后不在，皇宫家宴就以皇帝为中心。

乾清宫家宴上，宫中宦官机构升平署负责按例承担戏曲演出，依不同的节日、主题上演相应的承应戏。比如上元节，会演出"悬灯预庆""景星协庆""星月交辉"等戏。

元旦，皇帝在乾清宫中宴请皇子、皇孙、近支王公等皇室男性成员，同一血脉一同饮宴。宴席上，一家人不行君臣礼，行家人礼。但是，这种宴会不叫家庭宴，称为宗室宴；如果相对于外藩宴来说，则称为亲藩宴。

宗室宴上，照例上演吉祥戏，以助雅兴。元旦筵席上，演出"膺受多福""万福攸同"；上元节，演出"万花向荣""紫姑占福""海不扬波""太平王会"等。

有趣的是，宗室宴会上会不时地传来虫鸣声，唧唧啾啾。据说，宴席旁边设立绣笼，笼子中养着秋虫，发出唧啾之声。这是宫中人员特地为宴会准备的内容，目的是增添相聚宴会的情趣。宫中建造暖房，房中喂养了许多秋虫过冬。

中国历史上最大的一次宗室宴，是在乾隆四十七年（1782 年）举行的，由乾隆皇帝亲自主持，赴宴人员竟有三千余人。

🔺 除夕日保和殿宴外藩蒙古

选自《唐土名胜图会》，冈田玉山等编绘，现收藏于日本早稻田大学图书馆。

嘉庆元年元旦嘉庆皇帝如履薄冰

嘉庆元年（1796年）禅位大典之后，新皇帝即位，乾隆皇帝成为太上皇。新帝登基之后，就要向全国颁布新的《时宪书》。嘉庆元年，新的《时宪书》颁行全国，年号当然署为"嘉庆元年"。皇宫之中，太上皇所到之处，则使用特别印制的《时宪书》，书上署名"乾隆六十一年"。

乾隆六十年（1795年）九月，乾隆皇帝宣布：皇十五子永琰，册立为皇太子；明年，为嘉庆元年。当时，皇太子永琰感激涕零，亲率王公大臣等人跪进，恳请乾隆皇帝：《时宪书》仍用乾隆年号。乾隆皇帝对此十分受用，盛情难却，当即允其所请，宣布：每年印制乾隆纪年《时宪书》一百部，用于宫中之用，以及颁赐皇亲国戚、宫廷近臣和御前大臣。

审阅《时宪书》后，乾隆皇帝照例写"元旦开笔"诗。这一传统从乾隆九年（1744年）开始，坚持不懈。

嘉庆元年元旦，乾隆皇帝心情很好，用去年开笔诗韵一挥而就，挥笔题写开笔诗：

忆昨居诸犹惕息，即令尊养敢怡神。

后兹岁月听而已，那复劳劳计几句。

更加有趣的是，几乎与此同时，新年元旦子时，在寝宫毓庆宫中，尚未登基的皇太子永琰模仿父皇，进行了完全相同的"元旦开笔"。

据嘉庆皇帝回忆：乾隆六十年九月，宣布他为皇太子。随后，父皇乾隆皇帝特地召他到养心殿，悉心教授元旦"明窗开笔"之仪。因此，整个元旦

🔺 乾隆皇帝写字像

清　佚名　现收藏于北京故宫博物院。

🔻 金瓯永固杯

现收藏于北京故宫博物院。
金瓯永固杯是清朝皇帝每年"元旦开笔"的专用
酒器，象征"大清皇权巩固，长治久安"。

开笔仪式、书写过程、书写内容，早已熟悉于心。

所有仪式，皇太子完全拷贝其父皇乾隆皇帝。唯一不同的是，开笔年号，他没有写"乾隆六十一年"，而是书写"嘉庆元年"。

"金瓯永固"杯只有一个，是宫中特别制作的。乾隆皇帝十分钟爱，放在养心殿中。毓庆宫中，嘉庆皇帝如履薄冰地拿着一只朴素的御窑杯，注入屠苏酒，轻饮一口。

史学家赵翼参加过嘉庆元年的元旦开笔仪式，写下了《嘉庆元年元旦试笔》诗，收入其《瓯北集》下卷三八中：

推排遂作三朝老，
著述将成一尺高。
嘉庆元年年七十，
后人应羡此翁遭。

春节过后皇帝"大搬家"

　　每年春节，清朝皇帝和家人都是在紫禁城度过的。春节过后，皇帝就着手"大搬家"，前往圆明园。

　　于北京西郊，清廷建造了一个规模宏伟的皇家园林圆明三园，人称"万园之园"。历经雍正、乾隆、嘉庆、道光、咸丰五位皇帝长达150余年的经营，成为皇帝、后妃们春节以后长年居住、生活的地方。

　　春节期间，皇帝在紫禁城过年。正月十五元宵节前后，皇帝恭奉皇太后，前往圆明园。太后、后妃、皇子、公主等皇室家属，一起搬进园子；入冬以后，再从圆明园搬回皇宫。

▶《楼阁图》册

清　谢遂　现收藏于北京故宫博物院。
图册描绘的是圆明园中各式亭台楼阁。

明清两朝信奉真武大帝

传说，燕王"靖难之役"期间，真武大帝一再显灵，大力相助，这才成就了永乐帝业。因此，永乐皇帝认为自己是真武大帝的化身。

朱棣登基，年号永乐，特别颁发第一道诏书，封真武大帝为"北极镇天真武玄天上帝"。

永乐十年（1412年），永乐皇帝降旨，大规模修建武当山宫观庙堂，建成超大规模的庞大道教宫殿建筑群：八宫二观、三十六庵堂、七十二岩庙、三十九桥、十二亭；在天柱峰顶修建金殿，奉祀真武大帝神像。

真武大帝神像披发跣足，端坐殿堂之上；神像旁边，塑龟、蛇二将，金童、玉女。龟、蛇二将是护法大神。金童、玉女负责记录三界善恶功过。

明代中期以后，嘉靖皇帝信道，大胆地将钦安殿改为道教用殿。从此以后，钦安殿成为宫中道教神殿，专门用于供奉道教神像，从事道教活动，称为"建醮"。

清朝时，以钦安殿为道教活动场所；改造坤宁宫，作为祭祀满族传统神教之宫。钦安殿内，高悬乾隆皇帝御笔匾额"统握元枢"。钦安殿中，供奉道教神像真武大帝。正统称谓，是"玄天上帝"。清代时，避康熙皇帝玄烨之讳，改称为"元天上帝"。宫中，称为真武大帝。

每逢年节，宫中供奉神像，郑重祭祀。钦安殿中祭祀供品，包括各种干果：白果、核桃、栗子、黑枣、桂圆、龙眼、葡萄干等。

每年元旦，皇帝亲临钦安殿，拈香行礼。事先，主事太监在御花园天一门、钦安殿中点设斗香。皇帝祭祀，非常隆重。

每月朔望——初一、十五，立春、立夏、立秋、立冬，是宫中供奉元天

⚠ 钦安殿

⚠ 钦安殿宝厦

上帝（真武大帝）之日，皇帝按照惯例亲临钦安殿，拈香行礼；每年仲春朔日，二月初一，祭日；仲秋望日，八月十五日，祭月；七月七日，七夕，祭牛郎织女，等等。钦安殿依惯例，摆设供案，设立神牌，皇帝亲临祭祀，拈香行礼。

七夕之日，皇帝主持祭祀，行礼之后，皇后亲自率领嫔妃临殿行礼。

钦安殿内，设置道场。宫中举办演教活动时，请宫外著名的道士主持道场。康熙、雍正时期，太后丧礼期间，于此设置道场，举行追荐仪式。

明朝大朝会百官舞蹈

元旦前一日，明朝宫廷负责皇帝御玺的尚宝司，将宝案设置在皇极殿（清代称太和殿）。

御座之东，礼仪机构鸿胪寺官员将表案设置在大殿东中门外。

礼部主客司，将放置外藩进贡礼物的案桌设置在丹陛左右。

钦天监，在文楼（皇极门广场东，清代叫体仁阁）上设置定时鼓。

宫廷乐舞机构教坊司，将宫廷雅乐"中和韶乐"摆放在大殿内东西两侧；于皇极门东西两侧，安放着演奏雅乐的大型乐器。

元旦之日，锦衣卫在皇极殿丹陛（殿门到台阶前的场地）、丹墀（殿前广场）东西两侧，陈设卤簿仪仗；在大殿内东西两边，安设羽扇；在皇极门前的通道上，陈设车辂步辇。

禁卫军，设军队仪仗于皇极门外到午门外通道两侧；于军仗旁边，陈设金鼓。

御马监，陈设仗马；锦衣卫，将经过驯化的、专用于大朝会的大象带领到皇极门广场，左右相向站立。

皇极门前，日晷旁边，钦天监官员侍立，报告时辰。

第一遍鼓声响起，百官身着朝服，在午门外整齐地侍立等候。

第二遍鼓声响起，百官依次走午门左右掖门进入皇宫，来到皇极门前的丹墀上。大殿内，鸣鞭，卷帘。

第三遍鼓声响起，皇帝一身礼服，正式出席正殿朝会仪式。

皇帝前面有导驾官导引，尚宝司宦官捧着皇帝御玺紧紧随后。

皇帝乘坐御辇，在《飞龙引》的乐曲声中，徐徐地来到皇极殿。皇帝身着衮冕，走上大殿正中的宝座。文武大臣按照班次，依次向皇帝鞠躬。

雅乐声大作，奏《风云会》之曲，再奏《庆皇都》之乐，三奏《喜升平》之乐。

文武百官，双手持笏，鞠躬舞蹈，跪地呼唱万岁；再俯伏于地，叩首四拜。

大朝会典礼，在噼里啪啦的鸣鞭声中结束。

最后，宫廷乐师高奏《贺圣明》，皇帝从御座上站起，慢慢地离开。

尚宝司宦官捧着御玺，紧紧相随。导驾官导引皇帝一行来到中极殿。略事休息，或者安排少许庆贺活动，皇帝就会回宫。

册立太子、册封皇后、恭上太后尊号、遣将出征、传胪（宣布殿试结果）等重大仪式活动，皇帝都要亲临皇极殿，主持朝会。

明代和清代，大朝会显著不同的是：大朝会结束前，明代群臣山呼万岁；清代时则不用高喊。

⬤ 宁寿门与皇极殿

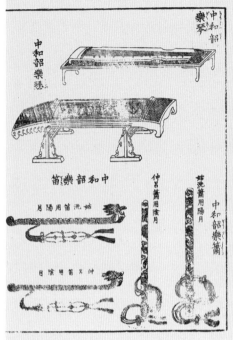

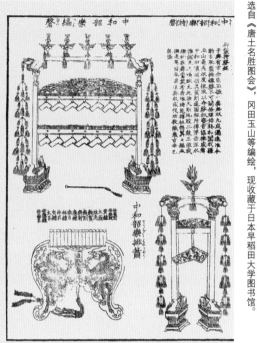

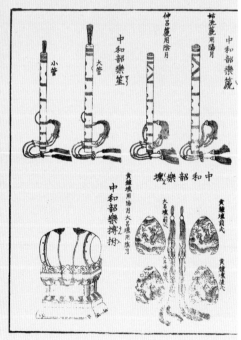

紫禁城中典型的冷宫

寿安宫（明代称咸安宫），是明清时期先帝后妃生活之地，也就是当今皇上之皇太后以及太妃、太嫔等人的居所。

明隆庆年间，陈皇后被废后，居住在这里，咸安宫成为紫禁城中最典型的冷宫。

孝安陈皇后（？—1596年），明穆宗朱载垕之继妻，册立为皇后，北京通州人。

嘉靖三十七年（1558年）九月，裕王朱载垕妃李氏（孝懿庄皇后）薨，选陈氏为裕王继妃。

隆庆元年（1567年），裕王登基，为明穆宗，册立陈氏为皇后。从裕王妃到明穆宗皇后，陈皇后体弱多病，一直未能生育。皇嗣关系皇朝安危，时间一久，陈皇后因为无子而失宠。

隆庆三年（1569年），皇帝决定将陈皇后从皇后寝宫坤宁宫迁出，迁到别宫居住。这座别宫就是咸安宫。

陈皇后被废后，在这座宫院中独自居住了三年，她的身边只有少得可怜的几名病弱宫女。

隆庆皇帝非常绝情，从不光顾这里，以致此处人烟稀少，宫院冷清。这座宫院荒草萋萋，成为一座皇帝从不光顾的典型冷宫。

三年漫长的寂寞岁月里，陈皇后得到的唯一安慰，就是太子朱翊钧持之以恒的孝心：每天清晨，太子拜谒奉先殿后，前往拜见父皇隆庆皇帝、生母李贵妃；接着，太子必定来到咸安宫，恭敬、孝顺地给陈皇后请安。

陈皇后生活在宫中，一直受到隆庆皇帝的冷落。但是，太子朱翊钧喜欢陈皇后，非常同情她的遭遇。当时，太子朱翊钧虽然不满9岁，但是已经十分懂事。据记载，没有任何人要求太子或者告诉太子，每天必须要去朝见陈皇后。可是，太子朱翊钧每天要求自己必须这样做。太子懂事地说："娘娘寂寞，礼不可旷。"

陈皇后疾病缠身，被打入冷宫之后心中十分苦闷。每天，每当听见太子的脚步声由远及近，陈皇后就会满脸喜悦，立即从病榻上起身，拿过一本儒家经典著作，等着太子进来。

问安、落座之后，陈皇后体贴入微，沏茶招待太子。然后，陈皇后指着孔孟之书中的有关段落，轻声地问太子。太子记忆力强，思维敏捷，立即朗声回答，十分准确。陈皇后百感交集，十分惊喜，泪眼蒙眬。

朱翊钧即位后，为明神宗，年号万历，人称万历皇帝。明神宗登基之后，孝事两宫皇太后十分恭敬，从未间断。

登基之时，万历皇帝尊奉陈氏为仁圣皇太后，将她安置在皇宫东部的慈庆宫居住。万历六年（1578年），万历皇帝尊陈氏为仁圣贞懿皇太后；万历十年（1582年），尊陈氏为仁圣贞懿康静皇太后。

万历二十四年（1596年）七月十三日，陈太后崩。万历皇帝非常悲痛，特地赐谥曰："孝安贞懿恭纯温惠佐天弘圣皇后"，入祀奉先殿别室。

英华殿菩提子

寿安宫的北面有一座专门供佛的宫殿，名为英华殿。

明清两朝，宫中的佛事活动繁盛，每年元旦和皇帝、太后生日，英华殿都例行举行一系列佛事活动。太后们常常是宫中最笃信佛法的人，念经成为每位太后寡居生活的一部分。

英华殿是宫中的佛教圣殿，殿中的两株菩提树是明神宗生母李太后亲手栽种的。

李太后，名彩凤，汉族，北直隶顺天府（北京）人，明穆宗朱载垕妃子。15岁时，进入裕王朱载垕王府，生下裕王第三子朱翊钧（后来的明神宗），由没有地位的都人（宫女）一跃升为侧妃。裕王（明穆宗）登基后，册封为贵妃，地位仅次于陈皇后。后来，明穆宗废了陈皇后，让陈皇后移居咸安宫。

万历元年（1573年），朱翊钧即位，为明神宗。按照旧制，皇帝即位，尊嫡母皇后为皇太后；若有生母尊为皇太后，则嫡母皇后加上徽号，生母则没有徽号，以示区别。

明神宗即位，太监冯保为了讨好李太后，以并尊两太后为名，暗示大学士张居正交廷臣商议：尊明穆宗皇后陈氏为仁圣皇太后，尊生母李氏为慈圣皇太后，两宫太后没有区别；陈太后居慈庆宫，李太后居慈宁宫。张居正讨好李太后，请求李太后看护明神宗，迁居乾清宫。

明神宗敬重母亲李氏，上尊号为慈圣皇太后之后，一再加尊号，最后为12字尊号："慈圣宣文明肃贞寿端献恭熹皇太后"。

李太后一生信佛，崇尚佛法。明神宗登基时，李太后一心向佛，施舍铸造皇姑寺大钟。随后，内宫建造慈寿寺，求储五台山，皇长子降生，等等，李太后亲力亲为，施舍佛寺，与僧侣来往频繁。

万历十四年（1586年），李太后所居寝宫，在天高气爽的秋日，竟然惊现"瑞莲"，盛开了九朵莲花。《明神宗实录》记载："七月庚子，上以慈宁宫所产瑞莲花，宣示四辅臣，命各题咏以进。壬寅，以恭题《瑞莲图》，赐辅臣银币有差。是日，复颁示辅臣瑞莲一支。"

从此以后，人称李太后为"九莲菩萨"。

明神宗晚年时，追尊母亲李太后尊号，特别颁布两部经书：《佛说大慈至圣九莲菩萨化身度世尊经》《太上老君说自在天仙九莲至圣应化度世真经》。

明神宗母亲慈圣李太后留在宫中最宝贵的财富不是瑞莲，而是英华殿的菩提树。

当时，从南海进献了两株菩提树，大家都说这是南方热带植物，在寒冷的北京不可能成活。李太后淡然一笑，拿着工具，亲手将两株从南海移植过来的菩提树栽种于英华殿庭院之中。其实，这两株南方树木不是菩提树，而是椵树，和菩提树相近，两树所结出的籽大致相同，椵树籽略小、偏黄。

李太后亲手栽种菩提树，精心照料，两株菩提树不仅成活了，而且长得枝繁叶茂，硕果累累。这两株菩提树，每年六月盛开黄花；菩提子与菩提花并发，附在叶背上。经过几个月的生长，深秋时节，叶飘籽落，每颗籽呈现十分难得的金线菩提子！

英华殿的金线菩提子，宫中人对此十分喜爱，将其视为皇家圣品，加以珍藏。有人将这些金线菩提子做成手串，串成念珠，成为珍稀之物。这些金线菩提子后来传布到民间，臣民视为珍品和圣品。当时，京师人以拥有一颗金线菩提子为荣，并设龛供奉。

万历四十二年（1614年）二月，李太后去世，享年69岁。李太后去世后，万历皇帝非常悲痛，特地在英华殿菩提树东北侧建造了一座别殿，供奉李太后的肖像。宫中之人，凡经过这里，无不屏声静气，肃然起敬。

每月初一、十五，二十余年不上朝的万历皇帝都要腾出时间，亲临英华殿，来到菩提树前瞻仰母亲，追念往事。每当来到英华殿，仰望庭院中这两棵高大挺拔的菩提树时，万历皇帝总会神思恍惚，思绪万千。

万历皇帝缅怀母亲的恩情，回想着宫中人的神秘传说，说慈圣太后是

▲ 英华殿外菩提树

"九莲菩萨"转世，于是，万历皇帝立即行动，敬赠母亲李太后"九莲菩萨"的尊号。

宫中人怀念李太后的仁慈、宽怀，她们把李太后的画像做成九莲菩萨像，节令祭祀，早晚朝拜。《明宫词》为证：

> 双树婆娑荫玉除，九莲菩萨认模糊。
> 英华殿里陪鸾去，采得菩提作念珠。

明代两株菩提树，繁衍生息，开枝散叶，发展到清代，已衍成了七株，布满了整个英华殿院落。

乾隆皇帝精通佛法，非常喜爱菩提树，他经常临御英华殿，观赏菩提树。乾隆七年（1742年），乾隆皇帝亲笔御制《英华殿菩提树诗》：

> 何年毕钵罗，植兹清虚境。
> 径寻有旁枝，蟠拿芝幢影。

●《弘历圆形古装行乐图像轴》

清　佚名　现收藏于美国纽约大都会艺术博物馆。

翩翩集佳鸟，团团覆金井。

灵根天所遗，嘉荫越以静。

我闻菩提种，物物皆具领。

此树独擅名，无乃非平等。

举一堪例诸，树以无知省。

　　乾隆二十六年（1761年）秋天，秋高气爽，51岁的乾隆皇帝临御英华殿，观赏菩提树，兴之所至，挥毫作诗，御笔写下了《英华殿菩提树歌》：

我闻法华调御丈夫成道处，乃于伽耶城中菩提树。

又闻华严海会诸如来，一佛一树乃至恒沙数。

一亦非合恒沙数非离，是佛是树皆菩提。

婆罗贝多阇扶谁则见？唯有菩提之树郁葱蔚郁，常依佛日生光辉。

英华之殿耸层甍，胜国莫考国初曾。

以居慈宁思斋太任笃奉佛，爰供法像延禧笃祜贻云仍。

时来瞻礼意肃穆，庄严宝轴相好合梵经。

或云即是北斗之七星，贝帙一一徵。

菩提七树森列庭，是诚不可思议标祥祯。

枝枝叶叶数无万，如斯无万数，绳绳继继永世绵皇清！

第五章　皇宫瑞兽

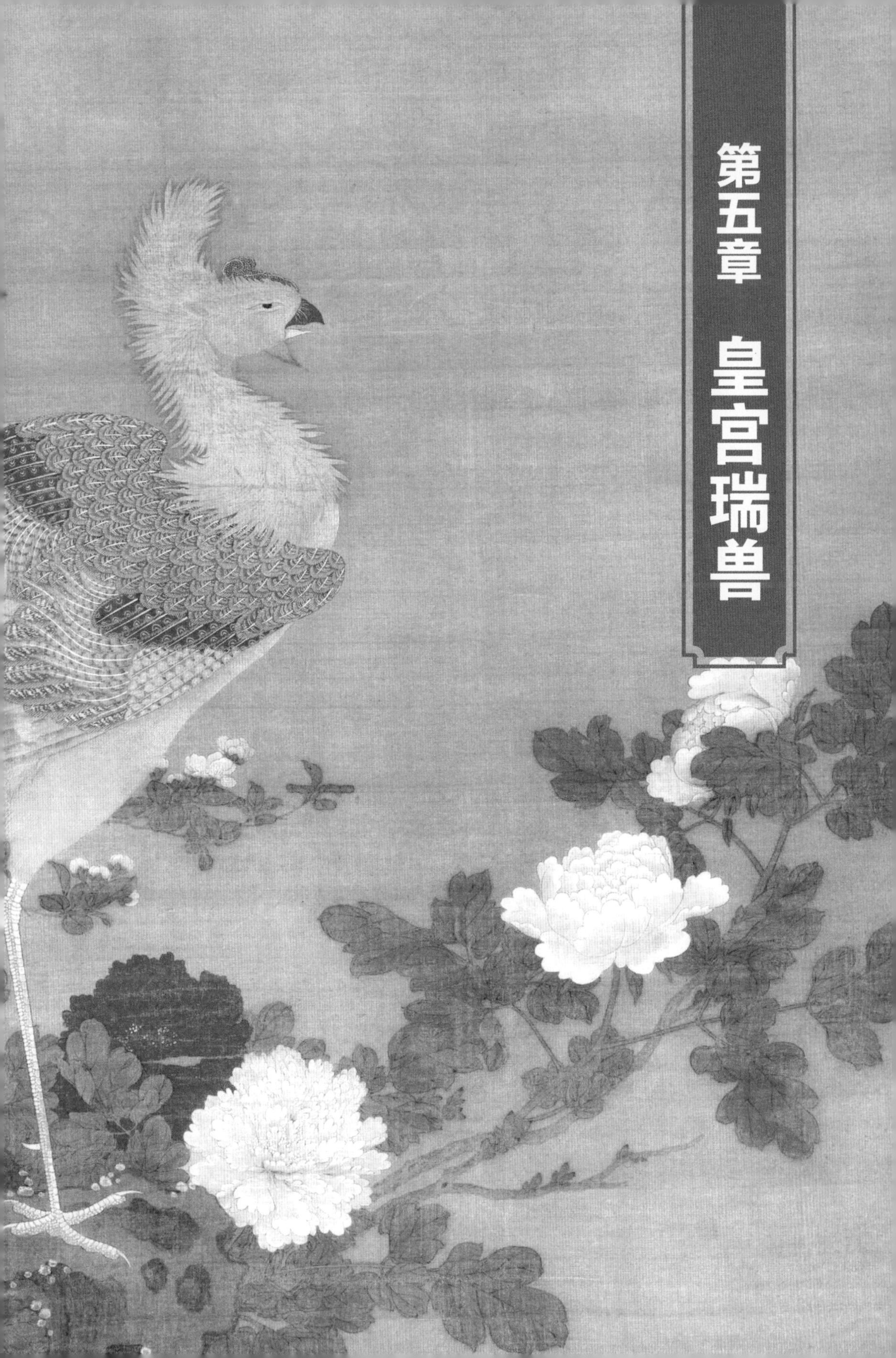

紫禁城，龙的世界

皇帝，自称真龙天子。紫禁城，是龙的世界。

孔子删定《易经》，称："乾"为第一卦，代表"天"；乾卦之中，最盛者为九五爻，寓意为"飞龙在天"。因此，"九五"便成为皇帝的代称。

紫禁城，是皇帝的家。皇帝居所和办公之地，龙纹是其中最经典的图案。

太和殿皇帝宝座椅背上，缠绕着九条金龙。皇帝寝宫乾清宫"正大光明"匾下雕刻着五条金龙。宁寿宫宁寿门外，竖立着巍峨壮丽的九龙壁，上有九条飞龙，栩栩如生。

慈禧太后生活的储秀宫前，有一条铜龙镇守宫院。

雨华阁，乾隆年间建造的藏传佛教建筑，屋脊上四条镀金铜龙呼之欲出。

皇家宫殿，皇帝御用服饰、家具、钟表、文房、用具、杯盘、器皿、仪仗、兵甲等各类生活用品、日用器物上，到处都是各式龙纹。

"龙生九子"，九个孩子，禀性各异，威风凛凛，分别守护和装饰着紫禁城的大门、屋脊等建筑部位和香炉、编钟等器物。

天坛祈年殿，是皇帝祭天之地，有三层月台：第一层月台上的望柱排水是云头，第二层是凤头，第三层是螭首（chī shǒu）龙头。

螭首，在古建筑中是一种重要的装饰物。目前，我国发现最早的吐水螭首是在河北临漳县，是东魏、北齐等国都古邺城遗址塔基石螭首。

北宋李诫著《营造法式》，其"石作制度"记载："造殿阶螭首，施之于殿阶，对柱；及四角，随阶斜出。其长七尺……其螭首令举向二分。""造螭子石之制，施之于阶棱、勾阑、蜀柱卯之下。"

螭首龙头，是中国古代皇家建筑的专用排水构件，是皇家龙文化的典型符号，主要用于宫殿殿柱、殿阶之上。

故宫太和殿须弥座台基上，四周为汉白玉栏杆，雕刻着龙凤云纹的望柱上，有排水螭首龙头 1142 个。大雨滂沱之时，螭首"千龙吐水"，十分壮观。

紫禁城宫殿彩画是有着严格等级的，由高至低依次为：和玺彩画、旋子彩画、苏式彩画。

和玺彩画，是宫殿彩画中的最高等级，特点是：宫殿梁枋，全长分为三段，中间为"枋心"，约占全长的三分之一；左右两端，为"箍头"；"箍头"和"枋心"之间，称为"藻头"。

这三个部分十分显眼，都用龙纹装饰："枋心"，用行龙，左右相对，中

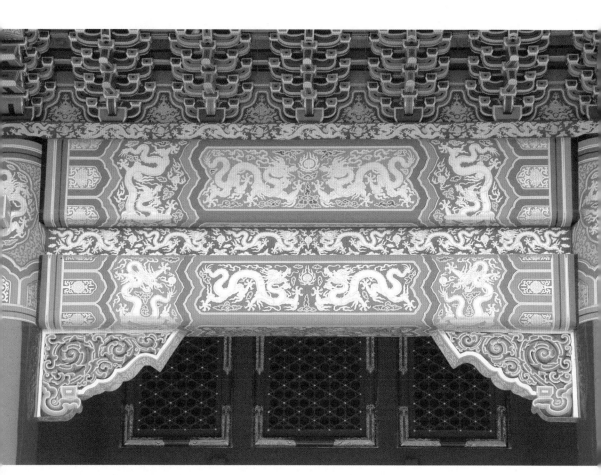

▲ 故宫宫殿斗栱彩画

🔺 钦安殿台基上的螭首

选自《清国北京皇城写真帖》。

间是火焰宝珠，构成双龙戏珠的彩绘画面；"枋心"相邻左右藻头，上绘龙头在上的升龙，或者龙头朝下的降龙；左右两端"箍头"，绘正面端坐的坐龙；所有龙纹，以及各部位之间的线条都贴以金箔，衬在蓝色或绿色底子上，熠熠生辉。紫禁城中，太和殿就是用金龙和玺彩画。

旋子彩画，是宫殿建筑中的第二等级，特点是：宫殿梁枋布局同和玺彩画一样，分为三部分。不同的是："藻头"部分，不画龙纹，画旋子花纹；标准旋子花纹，为圆形，内外由多层组成：中心圆为花心，称为"旋眼"；花心周围，环以一层或两层花瓣；花瓣之外，环绕一圈旋涡状花纹，称为"旋子"。如，熙和门旋子彩画。

苏式彩画，是宫殿建筑中的第三等级，从南方包袱彩画发展而来，特点是：梁枋中部，用圆形包袱覆盖；包袱内，彩绘山水、人物、禽兽、植物、花叶，不拘一格。紫禁城中，庭院、花园用苏式彩画。

紫禁城和玺彩画、旋子彩画中，描绘着各种形式的龙纹，包括：坐龙、行龙、升龙、降龙、云龙、夔龙（草龙）等。

坐龙：中国建筑中常见的龙纹之一，龙呈蹲坐之态，故名，主要用于古建筑和玺彩画之"箍头"。坐龙图案，一般以团龙出现。团龙，是指整个龙盘踞为团形，龙头向上，傲视前方，龙身在云雾之中，盘踞成"S"形，龙尾位于龙的左方，与龙首平齐。坐龙是所有龙纹中最端正之龙，不偏不倚，庄严凝重。

行龙：龙之四爪，呈行走状；身体为侧面，龙头前置火珠，视线紧盯火珠。行龙，常常做双双相对装饰，构成双龙戏珠画面。若以单相出现，龙的头部则为回头状。双龙戏珠，意思是两条龙戏耍一颗火珠。

升龙：头部在身和尾部的上方，目视火珠，整体龙身呈上升状态。若龙头往左上方飞升，称"左侧升龙"；龙头往右上方飞升，称"右侧升龙"。升龙有缓急之分，升起较缓者，称"缓升龙"；升起较急者，称"急升龙"。

降龙：头部在下方，呈下降的态势。倘若龙头往左下方下降，称"左侧降龙"；若龙头往右下方下降，称"右侧降龙"。降龙有缓急之分，下降较缓者，称"缓降龙"；下降较急者，称为"急降龙"。有时，头部在下的降龙又做往上的动势，称为"倒挂龙"或"回升龙"。也有时，头部在上的升龙又做往下的动势，称为"回降龙"。

云龙：奔腾在云雾中的龙。龙、云融为一体，龙嘘出的气，就是云。"云龙纹"，是云和龙的融合体，将龙的头、尾、脚"打散"，和云融合在一起。

夔龙：又称草龙。清代官式彩画中，龙纹有两种，即真龙和夔龙。真龙，龙的身体有清晰的头、腿、爪、尾、鳞片等纹饰。夔龙，不是龙的写实龙身，是由卷草形状构成抽象的龙纹，故称草龙。夔龙头部有明显的龙头特征；龙身、尾及四肢都是卷草图案，整体呈现出"S"形。

● 太和殿须弥座台基

《大婚典礼全图册》 清　庆宽等　现收藏于北京故宫博物院。

九龙壁

皇帝，称为"九五之尊"。"九"是阳数的最高数，"五"是阳数的居中数，九五之数成了皇权的代称。

紫禁城中，最有名的龙纹是九龙壁。

九龙壁，是中国传统建筑中影壁的一种，是用于遮挡视线的墙壁。

故宫九龙壁，位于紫禁城宁寿宫区皇极门外，正南，南三宫之后。壁长 29.47 米，高 3.59 米，厚 0.459 米，重达 300 多吨。

这是一座背倚宫墙而建的单面琉璃影壁，乾隆三十七年（1772 年），改建宁寿宫时烧造。

九龙壁正面，共由二百七十块烧制的琉璃拼接而成；照壁上，饰有九条巨龙，各戏一颗宝珠；背景，是云雾、山石和海水。影壁上部，为黄琉璃瓦庑殿式顶；檐下，为仿木结构的椽、檩、斗栱。影壁壁面，以云水为底纹，分别装饰蓝、绿两色，烘托出水天相连的磅礴气势。影壁下部，为汉白玉石须弥座，端庄凝重。

影壁之上的 9 条龙，以高浮雕手法精制而成；龙之最高部位，高出壁面 20 厘米，形成极强的立体感。山崖、奇石纵贯壁心，将 9 条蟠龙分隔于 5 个独立的空间之中。

黄色正龙，居中：前爪作环抱状，后爪分撅海水；龙身环曲，将火焰宝珠托于头下；瞠目张颔，威风凛然。

左右两侧，各有蓝、白两龙，白为升龙，蓝为降龙。

左侧两龙，龙首相向；右侧两龙，背道而驰。4 条巨龙，飞腾奔逐火焰宝珠，神形生动，仿佛将破壁而出。

外侧双龙，一黄一紫：左端黄龙，挺胸缩颈，上爪分张左右，下肢前突后伸；紫龙左爪下按，右爪上抬，龙尾前甩。二龙奔腾飞翔，动感十足，争夺之势，活灵活现。

右端黄龙，弓身努背，张弛有度，腾挪跳跃之态，雕刻生动；紫龙昂首收腹，前爪击浪，风姿雄健，十分传神。

九龙，有正龙、升龙、降龙，腾云驾雾，栩栩如生。高超的浮雕技术，经过高温烧制，富有立体感；采用亮丽的黄、蓝、白、紫等颜色，使得九龙色彩华丽，光彩夺目。

九龙壁壁面上，从东数第三条白龙腹部，是用木料雕凿成型后钉上去的，油漆已经脱落。传说，当年烧制时，工匠们把这个龙腹烧坏了，又没有足够的时间重烧。有位木匠师傅急中生智，冒着欺君之罪的生命危险，连夜用木料雕刻成那块龙腹，钉补上去，刷上白色油漆，使之同原来的白龙龙腹颜色相同，几可乱真。

所谓"龙生九子"，并非龙恰好生九子。中国传统文化中，以九来表示极多，有至高无上地位，九是贵数，所以被用来描述龙子。

龙有九子之说，由来已久，但是，究竟是哪九种动物，一直没有说法，直到明朝才出现了各种说法。"龙生九子"之说，出自明朝李东阳《怀麓堂集》。

龙生九子：

一说：老大囚牛（qiú niú），老二睚眦（yá zì），老三嘲风（cháo fēng），老四蒲牢（pú láo），老五狻猊（suān ní），老六赑屃（bì xì），老七狴犴（bì àn），老八负屃（fù xì），老九螭吻／鸱尾（chī wěn/chī wěi）。

一说：老大赑屃（bì xì），老二螭吻／鸱尾（chī wěn/chī wěi），老三蒲牢（pú láo），老四狴犴（bì àn），老五饕餮（tāo tiè），老六蚣蝮（gōng fù），老七睚眦（yá zì），老八狻猊（suān ní），老九椒图（jiāo tú）。

北海之九龙壁

选自《燕京胜迹》，现收藏于中国国家图书馆。

真正的"乾龙"

⚊乾隆通宝 铜钱

2017 年 6 月，故宫博物院修缮太和殿、养心殿，惊奇地发现：明间屋顶西部脊部横梁之处，有"乾隆通宝"铜钱贯穿的一条五爪"钱龙"：龙长182 厘米，宽 47 厘米；纸板为背板，纸板之上，彩绘游龙；以宫廷麻绳贯穿"乾隆通宝"铜钱，组成龙形；"钱龙"以镀金铜质圆帽钉钉入栋梁，加以固定；横梁上，披大红云缎一匹，覆盖在"钱龙"身上。

关于"钱龙"，档案中则没有任何记录。

钱龙，是用崭新的"乾隆通宝"串连而成的，组成了一条游龙，栩栩如生，全称"钱龙"，通"乾隆"。

钱龙，装饰于太和殿、养心殿屋脊，屋脊是宫殿最高处，象征着天，寓意：乾隆"飞龙在天"。

乾隆皇帝雕刻了大量印章，有 1800 余方。其中，"乾隆""乾""隆"印章，乾隆皇帝十分喜欢，只有在重要书画作品上才使用。"乾隆"印章：中间是乾卦，两边各一条游龙，合称"乾隆"。

养心殿门称养性门，门外南墙之下，正对着大门，乾隆皇帝特别设立了一座铜云龙镶嵌玉璧插屏。这件玉璧插屏，很多人不知为何物。

铜云龙镶嵌玉璧插屏：紫檀插屏，呈正方形；插屏雕刻两条游龙，为二龙戏珠图案；插屏中间，镶嵌玉璧；玉璧为青苍色，苍璧礼天，是礼天之器。玉璧为天，天即乾也。插屏之意，正是"乾隆"。

玉璧，左右为龙；插屏，左右为龙；一面，四龙，两面，为八龙。因此，有人称为"八龙璧"。其实，这是不对的，这就是"乾龙、乾隆"，不是"八龙璧"。

故宫之凤

凤，是中国神话传说中的瑞鸟，在中国神话传说中被称为"百鸟之王"。

凤，本意是凤鸟；后来，因凤凰合体，成为凤凰的简称：雄者，称凤；雌者，称凰，通称凤凰。

《山海经·海外西经》："凤皇卵，民食之；甘露，民饮之，所欲自从也。"

传说中，凤有五类：赤色的凤、青色的青鸾、黄色的鹓鶵（yuān chú）、白色的鸿鹄和紫色的鸑鷟（yuè zhuó）。《尔雅》郭璞注：凤凰，"鸡头、蛇颈、燕颔、龟背、鱼尾、五彩色，高六尺许。"《山海经·南山经第一》："其状如鸡……名曰凤凰。"《山海经·图赞》上，称凤凰身上有五种像字的纹路："首文曰德，翼文曰义，背文曰礼，膺文曰仁，腹文曰信。"

汉代许慎在《说文解字》中说：凤凰，"出于东方君子之国，翱翔四海之外，过昆仑，饮砥柱，濯羽弱水，莫（暮）宿风（丹）穴，见则天下大安宁。"书中，引黄帝的臣子天老的话说："凤之象也，鸿前麟后，蛇颈鱼尾，颧颡鸳思（腮），龙文虎背，燕颔鸡喙，五色备举。"

对于集众动物大成之美的凤凰，有关学者认为，凤凰是古代先民的一种鸟图腾崇拜。从对凤凰的形象来看，其融合了古时各个不同氏族所崇拜自然物的特征，结果出现了"凤凰"这一美的图腾。

凤，是中国人心目中的瑞鸟，是天下太平的象征，人称"百鸟之王"。古人认为，时逢太平盛世，便有凤凰飞来。"凤"，其甲骨文和"风"的甲骨文字相同，即代表具有风的无所不在及灵性力量的意思；凰即"皇"字，为至高至大之意。

凤凰，是中国皇权的象征，常和龙一起使用，凤从属于龙，用于皇后嫔

昨因王母使王姜生歡穎

妃。龙凤呈祥，是最具中国特色的图腾。凤，代表阴，尽管凤凰分雄雌，但一般将其看作阴性。"凤""凰"，常见于女性名。宋朝时，常使用龙凤旗，使用龙凤作为吉祥标记，用在皇帝用的物品上，比如龙凤团茶。

紫禁城是龙的天下。不过，在皇帝、太后生活的重要大殿，凤也占据着重要的一席之地。

中国历代宫廷之中，凤是吉祥如意、幸福美满的象征，预兆天下太平，事事如意，生活美满。太和殿檐角脊兽，从左往右，第三个就是"凤"。

▼ 凤凰首饰

作为"四灵"之一的凤凰，一直被认为是"百禽之长"，被视为祥瑞，是美好的象征。由此人们便会把"凤凰"的形象运用到衣食住行各个方面中，在制作首饰时，也常常使用凤凰图案。

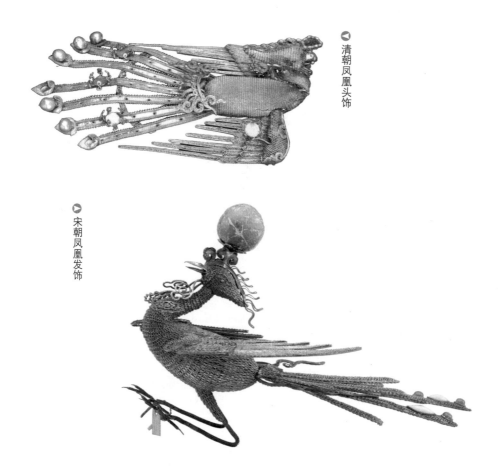

◀ 清朝凤凰头饰

▶ 宋朝凤凰发饰

凤凰头饰女子肖像

太和殿屋脊的十大神兽

太和殿，是中国建筑规格最高的重檐庑殿顶，屋脊两端安有高 3.4 米、重约 4300 公斤的大吻。

中国古代的建筑岔脊上，都要装饰镇瓦兽。镇瓦兽的排列有着严格的建筑等级规定，从高到低，数量不等。数量最多的镇瓦兽是在故宫太和殿的屋脊上，装饰兽共有十个，这在中国宫殿建筑史上是独一无二的，人称十全十美。

紫禁城其他古建筑上，一般是七个走兽，最多使用九个走兽：中和殿，七个；保和殿，九个；天安门，九个。只有太和殿有十个，寓意十全十美。

太和殿屋脊装饰神兽，左起第一为骑凤仙人。相传，他原是南朝齐明王，后来修道升仙，成为仙人。

传说：南朝齐国国君齐明王，在一次作战中失败，来到一条大河边，走投无路。眼看追兵就要到了，危急之中，突然一只大鸟飞到眼前，齐明王急忙骑上大鸟，渡过大河，逢凶化吉。于是，古人把它放在建筑脊端，称为仙人骑凤。仙人骑凤，也表示仙人骑凤飞行，寓意逢凶化吉。

仙人骑凤之后，是十个小神兽：龙螭吻（龙的九子之一）、凤、狮子、海马、天马、狎鱼、狻猊、獬豸（xiè zhì）、斗牛、行什。

龙螭吻：龙之九子之一；其最大的特点，就是喜欢四处眺望，常饰于屋檐之上。

凤：中国古代传说中，凤是"百鸟之王"，象征祥瑞。凤，亦比喻有圣德之人。

狮子：代表勇猛、威严。《传灯录》记载："狮子吼云：天上天下，唯我

▲ "五脊六兽"的庑殿顶宫殿

选自《中国建筑彩绘笔记－工具与样式》。
庑殿顶寓意尊贵，因此只有非常重要的佛殿、主殿才可以使用庑殿顶。图中可清晰看出屋檐上的兽件。

独尊。狮子作吼，群兽慑伏。"

  天马：象征威德无边，通天入海，畅达四方。

  海马：中国古代神话中是吉祥的化身。

  狻猊：中国古书记载中，与狮子同类，是猛兽，一说为龙的九子之一。

  狎鱼：海中异兽。传说，它和狻猊都是兴云作雨、灭火防灾之神。

  獬豸：中国古代传说中，是猛兽，与狮子类同。《异物志》记载："东北荒中，有兽，名獬豸。一角，性忠；见人斗，则不触直者，闻人论，则咋不正者；能辨曲直，又有神羊之称。"中国古代，它是勇猛、公正的象征。

  斗牛：传说中，它是一种虬龙。据《宸垣识略》记载："西内海子中，有斗牛，即虬螭之类；遇阴雨，作云雾，常蜿蜒道路旁，及金鳌玉栋坊之上。"

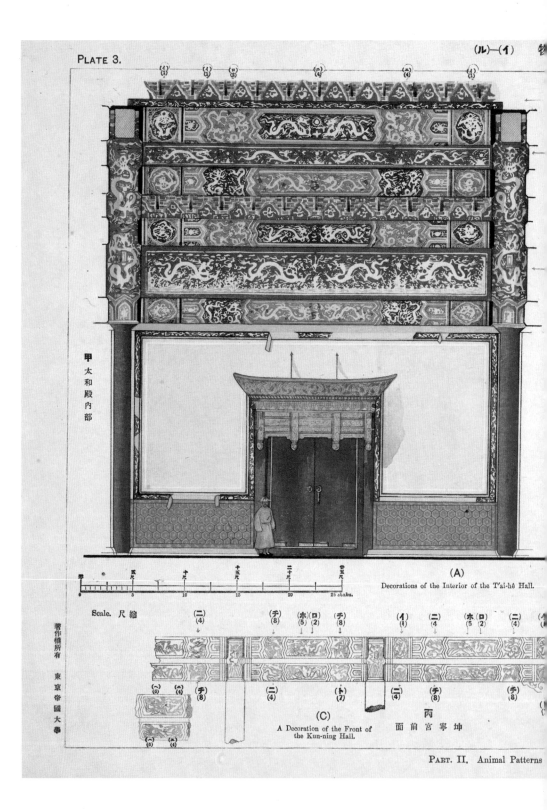

PLATE 3.

(A)

Decorations of the Interior of the T'ai-hô Hall.

Scale. 尺縮

2½ shaku.

(C)

A Decoration of the Front of the Kun-ning Hall.

甲 太和殿內部

丙 坤寧宮前面

著作權所有 東京帝國大學

PART. II. Animal Patterns

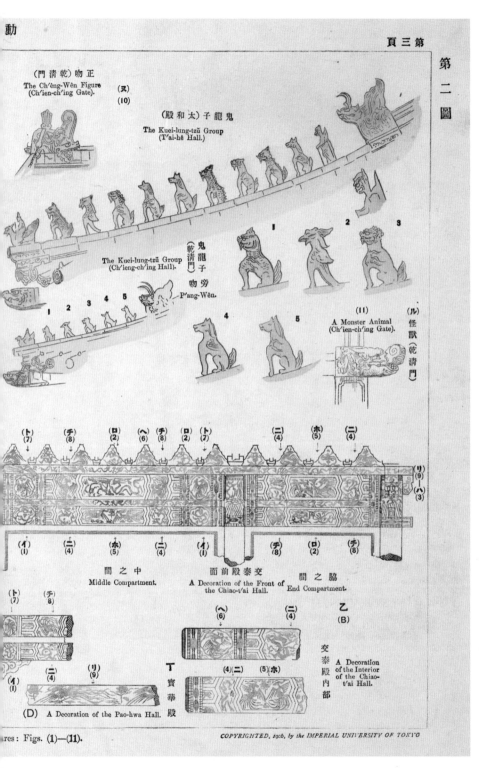

動

頁三第

第二圖

（門清乾）吻正
The Ch'êng-Wên Figure
(Ch'ien-ch'ing Gate).
（ヌ）
(10)

（殿和太）子龍鬼
The Kuei-lung-tzŭ Group
(T'ai-hê Hall.)

The Kuei-lung-tzŭ Group
(Ch'ieng-ch'ing Hall).

（乾清門）
鬼龍子

吻旁
P'ang-Wên.

1 2 3 4 5

1 2 3

4 5

(11)
A Monster Animal
(Ch'ien-ch'ing Gate).
（ル）
怪獸
（乾清門）

（ト）(7)　（チ）(8)　（ロ）(2)　（ヘ）(6)　（チ）(8)　（ロ）(2)　（ト）(7)　（ニ）(4)　（ホ）(5)　（ニ）(4)

（リ）(9)
（ハ）(3)

（イ）(1)　（ニ）(4)　（ホ）(5)　（ニ）(4)　（イ）(1)　（チ）(8)　（ロ）(2)　（チ）(8)

間之中
Middle Compartment.

面前殿泰交
A Decoration of the Front of
the Chiao-t'ai Hall.

間之脇
End Compartment.

（ト）(7)　（チ）(8)

（ニ）(4)　（リ）(9)

（イ）(1)

（D) A Decoration of the Pao-hwa Hall.

丁
寶
華
段

（ヘ）(6)　（ニ）(4)

(4)（ニ）　(5)（ホ）

乙
(B)

交
泰
殿
內
部

A Decoration
of the Interior
of the Chiao-
t'ai Hall.

res: Figs. (1)—(11).

COPYRIGHTED, 1906, by the IMPERIAL UNIVERSITY OF TOKYO

●故宮宮殿上的神獸

選自《中國建築彩繪筆記：工具與樣式》。

這些小走獸依次為：騎鳳仙人、龍、鳳、獅子、天馬、海馬、狻猊、狎魚、獬豸、斗牛、行什。

337

它是龙，是除祸灭灾的吉祥镇物。

行什：一种有翅膀的猴，背生双翼，手持金刚宝杵。传说，宝杵具有降魔功效。因排行第十，故名"行什"。行什，颇像传说中的雷公，是中国古代防雷的象征。中国宫殿和古代建筑上之脊兽，可见行什之地仅仅一处，就是太和殿。

太和殿上，黄琉璃瓦飞檐之上，将十个小兽依次排列在高高的檐角处，有三大象征意义：一是美观大方，二是消灾驱邪，三是正义至上。

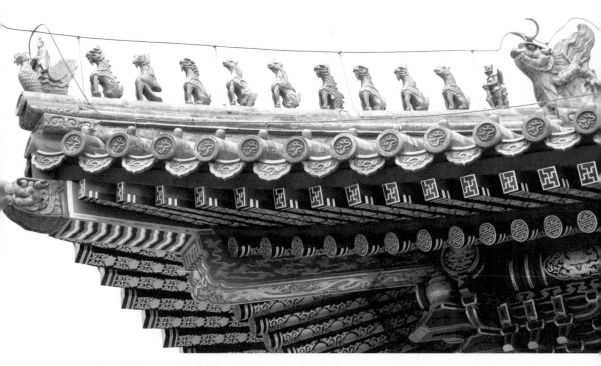

▲ 太和殿脊兽

宫中的"圣王瑞兽"

嘉瑞

西晋征南大将军、史学家杜预撰写《春秋左传·集解》，记载："麟者，仁宠也，圣王之嘉瑞也。"唐代大文学家韩愈《获麟解》中注释："麟一角而载肉，设武备而不为害。""游必泽土，祥而后处，不履生虫，不践生草，王者有出，与凤龟龙谓之四灵。"唐代大诗人李白写《古风诗》："希圣如有立，绝笔于获麟。"

人们为了纪念"西狩获麟"，在埋葬麒麟的地方建筑了麒麟台，人称获麟台、获麟古冢。麒麟台位于巨野城东七公里——今麒麟镇陈胡庄以东、后冯桥以北大洼内。

麒麟台，为鲁哀公"西狩获麟"处，东西长73米，南北宽52米，占地面积3800平方米。这里，原有唐代石碑数座，由于年湮日久，已遭毁坏。

汉高祖刘邦，称未央宫为麒麟殿；汉宣帝，称为麒麟阁。唐高祖武德四年（621年），取西狩获麟意，于巨野置麟州。唐高宗，年号为麟德；武后则天，中书省为麟台。唐代宗大历四年（769年），于麒麟台立麟台碑。金皇统七年（1147年），取麒麟祥瑞之意，在巨野县山口镇增设嘉祥县。元世祖至元十六年（1279年），以麟为祥瑞，在巨野县治北建麟凤亭。元文宗至顺二年（1331年），巨野县主簿樊逊重修麟凤亭。

赞维世扬
睡离物感
既缺以衰
麟出孰笑
王隆而伯
赞曰
孔吾道穷矣
于往观之泣曰麟也麟仁兽也出而
若者曰麕身而肉角岂天之平夫
复麟衰莫之识案之五父之衢垂有
以作春秋按孔子尝曰叔孙氏雄而
十四年庚申暮西狩获麟孔子感
雅亡而凤
吾道其穷
浸复沾裳
賫维世扬

🔺 **西狩获麟**

选自《孔子圣迹图》 明彩绘本 佚名 现收藏于孔子博物馆。
这则典故讲的是鲁国人打死了一只怪兽，孔子认为这头怪兽是麒麟，麒麟为瑞兽、仁兽。他认为麒麟的死去会
带来厄运。

明嘉靖十四年（1535年），济宁州通判张九胥重修麒麟碑一座，立于曹济公路旁，碑上刻的家字及年代署名至今尚存。同年，进士张九叙作斗书"麒麟家"三字，刻石立于台前。明天启年间，县令方时化在此修建庙宇，名曰"瑞麟寺"。

瑞麟寺，建筑宏伟，规模壮观。据传说，当时整个寺院占地百余亩，有僧侣百余人，佃户数十家。寺院附近，有铺店、石碾、菜园、盐畦、车坊等，经济繁荣。

瑞麟寺南面有一小河，名曰八里河。此河东西流向，岸柳成行，流水潺潺，游鱼可数。河南岸有一渡口，《巨野县志》上称"获麟古渡"。每值阳春，风和日暖，鸟语花香，士农工商，男女老少，来此观光游览者，络绎不绝。

南宋高宗绍兴三十一年（金世宗完颜雍大定元年，1161年），诗人辛弃疾，年方22岁，参加抗金起义军，途经巨野，登上麟台，即兴作五言律诗一首：

> 终始春秋笔，经名旧记麟。荒台曾建鲁，野草未烧秦。
> 郁郁山川秀，葱葱景钯新。韦编续继否？书带已成菌。

明朝诗人孙宜，游"获麟古渡"时，作五言律诗一首：

> 古渡寒烟积，沙明照落悬。春秋悲凤日，天地泣麟年。
> 鲁变时交阻，周衰辙竟旋。至今皆绝笔，真意更谁传。

万牲园的宝贝

明朝时期，宫中万牲园豢养的珍禽异兽数量最多、规模最大，主要包括：长颈鹿、白象、狮子、犀牛、火鸡等。这些动物大多是贡品，代表着帝国兴旺，八方臣服。

▲《麒麟图》　明　佚名　现收藏于中国台北故宫博物院。外国向明朝进贡的长颈鹿。

宫廷之中，一直视为神兽之"麒麟"，到底是什么圣物？

《春秋》记载：鲁哀公十四年（公元前481年）春天，西狩大野，获麟。

麒麟，是中国古代神兽、仁兽、瑞兽，有六种颜色：红、黄、黑、白、蓝、青。麒麟性情温和，不踏花草，不伤人畜，能活2000年。雄者，称麒；雌者，称麟。麒麟为龙首，马形，麋身，牛尾，鱼鳞，马蹄；背上有五彩纹，腹部有黄色毛；麒头长独角，角端有肉，黄色，麟无角；口吐大火，声音如雷。麒麟、凤凰、白虎、玄龟，称为"四灵"。

麒麟送子　年画

公元前 46 年，恺撒大帝征服埃及，凯旋时，带着埃及俘虏一万余人，以及缴获的各色战利品、奇珍异宝，浩浩荡荡地回到罗马。人们欢声雷动，欢呼雀跃，欢迎英雄凯旋。

长长的战利品队伍中，人们惊奇地发现：有一座斑纹美丽的"高塔"在慢慢地移动，"高塔"竟然有眼睛和长长的脖子，能自由地活动。这座"高塔"，就是长颈鹿。

从此以后，长颈鹿作为外交礼品，一直活跃在世界各地。

明代时，武力强盛，威服四海。长颈鹿作为贡品，开始进入中国宫廷，称为"麒麟"。据史书记载：明朝时，许多国家使节经常携带奇兽，包括：长颈鹿、狮子、老虎、豹子、鸵鸟、猞猁狲，等等。

京师万牲园，是晚清时期农工商部之农事实验场附设的动物园，是中国历史上最早的动物园。

1906 年 10 月 13 日，出国考察大臣端方、戴鸿慈归来，连续上三道奏折，涉及军政、教育、公共设施，包括万牲园。当时，端方回国后专门进宫，送给慈禧太后一头大象和数只珍稀动物。慈禧太后非常高兴，并感到非常稀奇，专门吩咐请两名德国人看管一头大象。可是，皇宫之地无法喂养这头庞然大物。后来，因粮草不足，大象被活活饿死。之后，慈禧太后考虑建造万牲园。

光绪三十二年（1906 年），在北京西直门外，原乐善园、继园、广善寺、惠安寺旧址上，由农工商部领衔，筹建农事实验场，旨在"开通风气，振兴农业"。农事实验场，占地 71 公顷，包括三部分：动物园，从德国购回的动物，当时称为万牲园；植物园，以花卉为主；农产品实验园。1908 年 6 月 16 日，农事实验场全部竣工。

1907 年 7 月 19 日，农事实验场正式开放。正门外，东西两边各有一间小屋。东边一间是售票处，有两个窗口：南窗，卖男客票，票面为白色；西窗，卖女客票，红色。

动物园门票，铜元 8 枚；植物园门票，铜元 4 枚。动物园中的动物，包括：各地总督、巡抚进贡的各种动物，以及南洋大臣兼两江总督端方从德国购回的动物。

为什么明朝官员崇尚仙鹤

  补子，是明清各品级官员官服上补出的两块特殊织绣品，其纹样、图案一致，俗称"胸背"。因为补子是用彩线绣制而成，所以又称为"绣补"。它直接绣于官员补服之上，或者制成圆形、方形等特殊绣品再补于补服之上，其所绣纹样与补服面料完全不同，有吉祥飞禽，有凶猛走兽，飞禽走兽周围绣绘红日、彩云、花卉、海水，以此区分各种官员的等级。

  中国古代官员衣服绣补，古已有之，汉唐时期盛行。

  洪武年间，明太祖朱元璋就将文官九品、武官九品的官员补子制度确定了下来。

  明朝时，崇尚文官，以文官为主，故官场以仙鹤为荣：

▼《十同年图》卷

明　佚名　现收藏于北京故宫博物院。
这是一幅明朝弘治十六年（1503 年）高级官员的群像画。与会者都是在朝重臣，卷首起依次为：南京户部尚书王轼（二品）、吏部左侍郎焦芳（三品）、礼部右侍郎谢铎（三品）、工部尚书曾鉴（二品）、刑部尚书闵珪（二品）、工部右侍郎张达（三品）、都察院左都御使戴珊（二品）、户部右侍郎陈清（三品）、兵部尚书刘大夏（二品）、户部尚书兼谨身殿大学士李东阳（二品）。

文官

一品，仙鹤；

二品，锦鸡；

三品，孔雀；

四品，云雁；

五品，白鹇（xián）；

六品，鹭鸶（lù sī）；

七品，鸂鶒（xī chì）；

八品，黄鹂；

九品，鹌鹑。

武官

一品，狮子；

二品，狮子；

三品，虎；

四品，豹；

五品，熊；

六品，彪；

七品，彪；

八品，犀牛；

九品，海马。

文官四品云雁补子与五品白鹇补子

武官一二品狮子补子与三四品虎豹补子

花文官五品合用样

白鹇

雲鴈

合用花样

孔雀

鶺鶉

合用花样武官三品四品

虎豹

合用花样武官一品二品

獅子

海馬

▲ 明朝文武官官服补子

选自《大明会典》，现收藏于日本国立国会图书馆。

文官一品二品
合用花样
仙鹤

文官一品仙鹤补子

锦鸡

文官二品锦鸡补子与三品孔雀补子

文官六品七品
合用花样
鹭鸶

文官六品鹭鸶补子与七品鸂鶒补子

鸂鶒

文官八品黄鹂补子与九品鹌鹑补子

黄鹂
文官八品九品
合用花样

武官五品合用
花样
熊罴

武官五品熊罴补子与六七品彪补子

武官六品七品
合用花样
虎

武官八品犀牛补子与九品海马补子

犀牛
武官八品九品
合用花样

为什么清朝官员崇尚麒麟

清朝是满洲贵族建立的，崇尚骑射，尚武抑文。麒麟是宫中瑞兽，皇太后寝宫慈宁宫门前就有一对麒麟，寓意慈爱、长寿，因此，皇帝喜爱麒麟。清代官场崇尚麒麟，以麒麟补子为荣。

清朝官员补子，与明代有所不同。

文官

一品，仙鹤；　　　二品，锦鸡；

三品，孔雀；　　　四品，云雁；

五品，白鹇；　　　六品，鹭鸶；

七品，鸂鶒；　　　八品，鹌鹑；

九品，练雀。

武官

一品，麒麟；　　　二品，狮子；

三品，豹；　　　　四品，虎；

五品，熊；　　　　六品，彪；

七品，犀牛；　　　八品，犀牛；

九品，海马。

▼《清朝武官品级服饰图》 清 周培春 其中禽鸟图案为文官，猛兽图案为武官。

◀一品武官麒麟补服

◀二品武官狮子补服

◀三品武官豹补服

◀四品武官虎补服

▼五品武官熊补服

▼六品武官彪补服

▼七八品武官犀牛补服

▼九品武官海马补服

中国十二神兽令人敬畏

故宫之中有许多动物，宫中称为神兽。任何时候，任何人，都要恭恭敬敬。

故宫神兽主要包括：龙、凤、龟、麟、象、狮子、脊兽，等等。

"四神"

中国古代有十二神兽："四神""四灵""四凶"。

"四神"，又称"四象"：青龙、白虎、朱雀、玄武，称为"四大神兽"。这四种神异动物各据一方，被称为四方之神。四神，有祛邪、避灾、祈福的作用，是中国人的保护神。古代造房、选墓、行军布阵，都要考虑到"四神"，有"前朱雀后玄武，左青龙右白虎"之说。

四大神兽，是古代中国传说的神兽，是中国古代神话和天文学结合的产物。四大神兽，融入了五行和方位学说，以不同颜色代表：

△ 唐朝四神镜

现收藏于中国台北故宫博物院。

东方青龙，青色，为木；西方白虎，白色，为金；南方朱雀，赤色，为火；北方玄武，黑色，为水；中央，黄色为土。

《淮南子》中，称五龙之一的黄龙，位居中央，是四大神兽之长。

史书记载："所谓天数者，左青龙，右白虎，前朱雀，后玄武。是故，处于堂上之阴而知日月之次序，见瓶中之冰而知天下之寒暑。"

中国古人把天空中的恒星划分为"三垣"和"四象"，分成七大星区。所谓的"垣"，就是"城墙"之意。三垣紧紧地环绕着北极星，呈现三角状排列。在"三垣"之外，分布着"四象"：东苍龙、西白虎、南朱雀、北玄武。

古人认为，东方的星象如一条龙，西方的星象如一只虎，南方的星象如一只大鸟，北方的星象如同龟、蛇。由于地球围绕太阳公转，天空中灿烂的星象随着不同的季节进行有序转换。冬春之交，傍晚时分，苍龙显现；春夏之交，玄武升起；夏秋之交，白虎露头；秋冬之交，朱雀上升，如此循环往复，四季变换。因此，总称为"四大神兽"。

四大神兽，是《周易》六爻卦象相对应的"六兽"中的四兽。六兽，总称"六神"，分别是：青龙、朱雀、勾陈、腾蛇、白虎、玄武，表示五行和方位、卦象。

四大神兽，是中国十二时辰对应不同时辰吉凶的一种说法：青龙对应的时辰为吉时，白虎、朱雀、玄武对应的时辰为凶时。

"四灵"

"四灵"，上古四种灵兽：龙、凤、龟、麟。《礼记·礼运第九》中，称为"四灵"："麟、凤、龟、龙，谓之四灵"。

龙，通常是指中华龙，是炎帝、黄帝等联合部落的图腾。

凤，通常是指凤凰，是帝虞、帝喾、帝舜、帝契等部落所使用的图腾。

龟，通常是指乌龟，因其寿命极长，上古某些部落将其用为图腾，被视为灵兽。

麟，通常是指麒麟，西周时将它用为图腾，后来被视为瑞兽。

"四灵"，在中国古代建筑、器皿、绘画之中，是最为常见的著名神兽，中国人耳熟能详。

"四灵"，是天地之精华，是各行之长：麟为百兽之长，凤为百禽之长，龟为百介之长，龙为百鳞之长。

"四灵"之一：麟

《宋书》记载："麒麟者，仁兽也。牡曰麒，牝曰麟。"也就是说：雄性为麒，雌性为麟。

麒麟很独特，外貌形态在中国古代神话传说之中并非一种。一种麒麟的典型形象是：狮头、鹿角、虎眼、麋身、龙鳞、牛尾，集于一身；尾巴毛状，如同龙尾；有一角，带肉；另一种麒麟的典型形象是：龙头、马身、龙鳞；尾毛似龙尾状，完全舒展。

麒麟，是祥瑞的象征：麒麟出没之处，必有祥瑞出现。麒麟是长寿、太平的象征。据说，麒麟与圣人孔子的关系非常密切：孔子降生与死亡之时，均出现麒麟。目前，史学界认为，"麒麟正脉"是姬氏，即周天子一脉。

"四灵"之一：龟

龟，为百介之长。介，通甲。

中国古籍之中，关于龟的记载很多。《十三经注疏》记载："象物，有象在天……麟、凤、龙、龟，谓之四灵。"《淮南子》记载："必问吉凶于龟者，以其历久岁矣。"《抱朴子·论仙》记载："谓生必死，而龟、鹤长寿焉。知龟鹤之遐寿，故效其导引以增年。"

中国古人认为，龟与长寿，与占卜吉凶相关，因此，龟的地位崇高。

"四灵"之中，只有龟是实物，现实可见。而在中国神话传说中，最著名的龟莫过于玄武。

"四灵"之一：龙

龙，是中国神话传说中的灵兽之一，为鳞虫之长，常常用来象征祥瑞。

《本草纲目·翼》记载："龙者，鳞虫之长。王符言其形，有九似：头似驼，角似鹿，眼似兔，耳似牛，项似蛇，腹似蜃，鳞似鲤，爪似鹰，掌似虎，是也。"这是中国古籍之中，关于龙的形象最为明确的记载。从记载中可以看出，中国龙的形象是从多种动物图腾演变而来的。

早在殷商之前，龙，作为图腾，一直流传下来。中华文明，随着龙图腾的出现而开启，因此，华夏民族称为龙的传人。

龙，与四方神兽之青龙，有很大的区别，属于两个物种：青龙，独一无二，只此一条；龙，则可以繁衍。

"四灵"之一：凤

凤凰，也称作"凤皇"，雄性称为凤，雌性称为凰，合称为凤凰。

凤凰，最初的记载出现在《山海经》当中："有鸟焉，其状如鸡，五采而

🔺《凤凰牡丹图》　明　孙忆　现收藏于日本九州国立博物馆。

文，名曰凤凰。"

凤凰的形象，主要为：鸡头、燕颔、蛇颈、龟背、鱼尾、五彩色。也就是说，凤凰有五类，即五凤：多赤者凤，多青者鸾，多黄者鹓雏，多紫者鸑鷟，多白者鸿鹄。凤凰品性高洁，"非梧桐不止，非练实不食，非醴泉不饮"。

中国古代，有以龙为天子、以凤为皇后的象征。

凤凰，是从四神兽之一的朱雀身上引申出来的。

"四凶"

上古，四种凶兽，源自舜帝流放的四个凶恶的部落酋长，合称"四凶"。"四凶"指的是混沌、穷奇、梼杌（táo wù）、饕餮。

《左传·文公十八年》记载："舜臣尧，宾于四门，流四凶族混沌、穷奇、梼杌、饕餮，投诸四裔，以御螭魅。"

《史记·五帝本纪》记载：帝鸿氏之不才子"混沌"、少皞氏之不才子"穷奇"、颛顼氏之不才子"梼杌"、缙云氏之不才子"饕餮"，这四人，合称"四凶"。

后来，这四个人都被舜帝流放到四方。

如今，所传四凶兽指的是帝鸿氏、少皞氏、颛顼氏、缙云氏四个部落的图腾。

图书在版编目（CIP）数据

故宫雅趣：紫禁城皇室生活与君臣轶事 / 向斯著 . —北京：中国工人出版社，2024.2
ISBN 978-7-5008-8187-2

Ⅰ.①故… Ⅱ.①向… Ⅲ.①故宫 – 北京 – 通俗读物 Ⅳ.①K928.74-49

中国国家版本馆CIP数据核字（2024）第052061号

故宫雅趣：紫禁城皇室生活与君臣轶事

出 版 人	董　宽
责任编辑	刘广涛
责任校对	张　彦
责任印制	黄　丽
出版发行	中国工人出版社
地　　址	北京市东城区鼓楼外大街45号　邮编：100120
网　　址	http://www.wp-china.com
电　　话	（010）62005043（总编室）　62005039（印制管理中心）
	（010）62379038（社科文艺分社）
发行热线	（010）82029051　62383056
经　　销	各地书店
印　　刷	北京盛通印刷股份有限公司
开　　本	710毫米×1000毫米　1/16
印　　张	23
字　　数	352千字
版　　次	2024年4月第1版　2024年4月第1次印刷
定　　价	88.00元